外国货币简史丛书　　　　　石俊志◎主编

优士丁尼王朝货币简史

武宝成◎著

中国金融出版社

责任编辑：马海敏
责任校对：李俊英
责任印制：张也男

图书在版编目（CIP）数据

优士丁尼王朝货币简史/武宝成著. —北京：中国金融
出版社，2022.5
（外国货币简史丛书）
ISBN 978 - 7 - 5220 - 1618 - 4

Ⅰ.①优…　Ⅱ.①武…　Ⅲ.①拜占庭帝国—货币史
Ⅳ.①F821.9

中国版本图书馆 CIP 数据核字（2022）第 085188 号

优士丁尼王朝货币简史
YOUSHIDINGNI WANGCHAO HUOBI JIANSHI

出版
发行 **中国金融出版社**

社址　北京市丰台区益泽路 2 号
市场开发部　（010）66024766，63805472，63439533（传真）
网 上 书 店　www. cfph. cn
　　　　　　（010）66024766，63372837（传真）
读者服务部　（010）66070833，62568380
邮编　100071
经销　新华书店
印刷　保利达印务有限公司
尺寸　140 毫米 × 203 毫米
印张　7
字数　168 千
版次　2022 年 6 月第 1 版
印次　2022 年 6 月第 1 次印刷
定价　45.00 元
ISBN 978 - 7 - 5220 - 1618 - 4
如出现印装错误本社负责调换　联系电话（010）63263947

华南理工大学
中央高校基本科研业务费专项资金资助
（项目编号：C2190590）

总　序

　　货币作为商品生产和商品交换中的价值尺度和流通手段，在人类社会中发挥着越来越重要的作用。

　　近百年来，货币学有了蓬勃的发展，货币史学也出现了明显的进步。货币学的研究需要有货币史学的支撑。通过对古代各王朝货币状况的分析，深入探讨货币起源、货币本质、货币演变规律等货币课题，可以使货币理论从历史实践上获得更加坚实的基础。

　　从世界历史的角度来看，货币的产生和发展有着普遍的规律，同时存在着在不同民族、不同文化之间的差异。因此，货币史的研究，不能局限于一个国家、一个时期，而是应该着眼于世界范围的历史全貌，才能感受到它的脉搏跳动、成长规律和发展方向。

　　近年来，我主编了《外国货币史译丛》，将国外学者关于世界各大文明古国、各大古代民族以及我国周边主要国家的货币史专著翻译成中文，介绍给国内读者，旨在扩大我国读者关于世界货币史的知识和眼界。但是，鉴于文化根源上的差异、逻辑思维上的不同，我国读者阅读国外学者撰写的货币史书自然会感到艰涩难懂。为了普及外国货币史知识，给国内读者提供更多简易通俗的参考读物，我们启动了《外国货币简史丛书》的撰写工作。

　　《外国货币简史丛书》在国家、时期的定位上，每册都将选择一个对世界影响较大的文明古国，对该国的一个具体王朝的货币状况进行深入研究，通过截面分析的方法，以点带面，探讨该国古代货币的发展和演变过程。

《外国货币简史丛书》在撰写风格的选择上，每册都将一个具体的外国古代王朝的简史介绍给读者，结合该王朝货币流通状态、货币法律制度进行分析，并通过历史故事描述，力求通俗易懂，以便读者在获得古代货币知识和古代历史信息的同时，感受阅读古代名人轶事的喜悦。

《外国货币简史丛书》在撰写出版的方式上，采用团队集体研究方式，边研究、边撰写，不断扩展其覆盖的地理范围和历史时期，通过一个较长时间的工作团队的共同努力，积少成多，为读者提供世界货币史的概貌。

我们相信，这套《外国货币简史丛书》的出版，对于我国货币理论研究，以及我国关于世界各国历史、政治、经济、文化的研究，具有一定的参考价值。

石俊志
2020 年 2 月 2 日

目　录

第一章　优士丁尼王朝概况

优士丁尼王朝是拜占庭帝国的第三个王朝。该王朝从公元518年延续至公元610年，由优士丁一世开创，得名于优士丁尼一世，共历六帝，享国祚92年。作为昔日罗马帝国在地中海东部的延续，拜占庭帝国在优士丁尼王朝时期开启了希腊化、东方化的新征程，其中的灵魂人物优士丁尼更是"使他那个时代一度令人激动、神往"。[①]

第一节　优士丁尼王朝前史

公元518年，出生行伍的优士丁一世称帝，由此开启了优士丁尼王朝的统治。然而，无论是在昔日罗马帝国体制内寻求出路，还是力图重现罗马帝国的过往荣光，优士丁尼王朝在很多方面都是罗马帝国的延续。

一、罗马帝国的建立

他说他为过去的作为感到不安，但那是出于对父母的孝心和为惨死的父亲报仇……他宣布："我将不再领导你们……请从我手中取回自由共和国，请接受军队和被征服的行省，并且按照你们自己的意愿来治理吧！"[②]

---

①　Barker, J. W. *Justinian and the Later Roman Empire* [M]. Madison：University of Wisconsin Press，1966：207–210.

②　夏遇南. 罗马帝国 [M]. 西安：三秦出版社，2000：290–291.

公元前 27 年 1 月 13 日，盖乌斯·屋大维在元老院发表了还政演说，宣布把自己的权力交还给元老院和罗马人民。然而，三天后，元老院便授予他"奥古斯都"称号，古罗马文明由此进入帝国时代。

屋大维统治罗马帝国长达 40 年之久。在此期间，他整顿军队，改革财政，发展交通，确立中央集权制，使得帝国在经济、文化等方面获得了极大的发展。自屋大维以后，在"威严德业，下皆景仰，御国之道，一以始终"① 的五贤帝统治时期，帝国再次迎来黄金时代，四海升平，经济空前繁荣。其中，图拉真在位时，帝国疆域更是达到最大极限，西起西班牙、高卢与不列颠，东到幼发拉底河上游，南至非洲北部，北达莱茵河与多瑙河一带，使地中海成为了帝国的内海。

罗马帝国不仅仅是开疆拓土、辟地千里的军事帝国，更是一个环地中海的多民族、多宗教、多语言、多文化的国家。四通八达的道路把帝国的各个区域联结为一个统一世界，而罗马是这个世界的中心。"条条大路通罗马"形象地描述了当时罗马帝国交通发达、商业繁荣的景象。

从尼奥波利斯到亚历山大港需时十二天，从科林斯需时七天。从南高卢的那巴到非洲的航程，如遇到顺风，仅需五天；从塞提斯到亚历山大港则需六天……②

除了广大的公路系统，海陆也很畅达。在地中海上穿梭

---

① [英] 爱德华·吉本. 罗马帝国衰亡史 [M]. 黄宜思和黄雨石，译. 北京：商务印书馆，1997：13. 五贤帝是指在公元 96 年至 180 年统治罗马帝国的五位皇帝。他们分别为：涅尔瓦（公元 96 年至公元 98 年）、图拉真（公元 98 年至公元 117 年）、哈德良（公元 117 年至公元 138 年）、安东尼·庇护（公元 138 年至公元 161 年）及马可·奥勒留（公元 161 年至公元 180 年），他们之间没有直接的亲属关系。

② [美] 詹姆斯·汤普逊. 中世纪经济社会史（上册）[M]. 耿淡如，译. 北京：商务印书馆，1997：1.

着的罗马船只，将罗马与南欧、非洲和亚洲联系了起来。罗马城和整个意大利半岛在许多商品的供给方面依赖于其他行省，而各行省之间也相互依存，形成了密切交织的商品供求网络。

在帝国内部，不同地区之间不再是征服与被征服的关系，而是正在走向统一。当一个地区被征服以后，紧接着的便是开发农业、整修道路、新建港口等。在这个过程中，罗马城外的属民不断地被同化。罗马帝国的法律、度量衡、货币制度逐渐走向统一，并在全国通行。

因此，帝国的建立标志着人们冲破了希腊城邦的狭隘概念。"一切民族的界限逐渐融合于共同帝国的观念之中了。"① 从此，统一地中海世界的梦想根植于每个罗马人的心中。

二、3 世纪的危机与改革

"3 世纪危机"通常是指从公元 192 年安敦尼王朝最后一个皇帝康茂德被杀害，到公元 284 年戴克里先登上皇位的约 100 年时间，罗马帝国发生的政治、经济等一系列危机。

君子之泽，三世而斩。五贤帝之一马可·奥勒留去世后，其子康茂德继位。历史学家爱德华·吉本评价康茂德"令人发指的罪恶行径在父亲纯贞善良的品德上蒙了一片阴影"②。他残暴多疑，怠慢政务，耽溺狩猎，不得民心。

康茂德死后，禁卫军掌权，皇位被公开拍卖。最终，尤利安努斯，一位 56 岁的富有的元老以 6250 德拉克马的价格买到了皇位。然而，可悲的是，尤利安努斯没有一个追随者，愤怒的

① ［英］詹姆斯·布赖斯. 神圣罗马帝国［M］. 孙秉莹等，译. 北京：商务印书馆，1998：6.

② ［英］爱德华·吉本. 罗马帝国衰亡史［M］. 黄宜思和黄雨石，译. 北京：商务印书馆，1997：82.

群众认为他的忽登高位是对罗马帝国名声的莫大侮辱，军队更是对他不屑一顾。

于是，公元193年，操着北非口音的边境军团潘诺尼亚总督亚历山大·塞维鲁越过阿尔卑斯山，在军队和元老院的拥立下，成为罗马帝国的新皇帝。这位军人出身的皇帝非常好战，成功将帝国全境置于自己的统治之下。

自塞维鲁以后，帝国分崩离析，政权更迭频繁，危机全面爆发。据统计，从公元235年至公元284年，一共出现了40多个皇帝，其中有26个皇帝被杀，只有1个是病死的。与此同时，各地纷纷出现僭主，僭主之间相互攻伐，使得城市工商业活动受到严重侵扰，物价连续上涨，通货膨胀严重。

直至公元284年，禁卫军统领戴克里先称帝，罗马帝国才重新走向统一，进入新的发展阶段。和奥古斯都一样，戴克里先可以被看做是一个新帝国的奠基人。为了更有效地管理庞大的帝国，防止发生地方割据，他引入了东方的宫廷礼仪，把皇帝神化，并将整个帝国分为两部分，实施了"四帝共治制"。

在经济方面，为了改善财政状况，戴克里先加强税收征管，取消了意大利大区的纳税豁免权，并改征实物税。为了应对通货膨胀，他发行了足值的金币，并对数千种货物与工资进行价格管制。为了更好地管控全国经济的运转，他还进行了户籍制度改革，通过同业公会，使帝国境内的所有人固定于某一行业，成为世袭职业者。

公元305年，执政21年的戴克里先选择了光荣退位，时年55岁。他居住在濒临亚得里亚海的宫殿里，过着悠然的种菜生活。后来，帝国再次陷入混乱，有人曾请求他重登帝位。他淡淡一笑，回复道："当阁下看到我在索罗那亲手栽种的白菜时，便不会再提出这种要求。"①

回首往昔，自罗马帝国建立以来，经历了 300 余年的风风雨雨和王朝更替。戴克里先临朝后，经过一系列改革，共和时代自治城市的痕迹才不复存在。这时的帝国更像一个东方专制国家。

三、君士坦丁大帝的荣光

君士坦丁是西部凯撒君士坦提乌斯的儿子，年轻时曾被戴克里先留在东方的宫廷做人质。公元 305 年，戴克里先与马克西米安双双退位，君士坦丁趁机奔赴不列颠，与已升任奥古斯都的父亲会合，并在军中供职。一年后，君士坦提乌斯去世，不列颠军团立即拥戴君士坦丁为奥古斯都。

戴克里先的继承者、东部奥古斯都伽列里乌斯去世后，4 位奥古斯都，包括李锡尼、马克森提乌斯、马克西米和君士坦丁展开了夺权斗争。公元 312 年，君士坦丁在罗马附近击败了马克森提乌斯，成为西部的统治者。公元 324 年，君士坦丁又打败了最后的对手，即东部的统治者李锡尼，成为罗马帝国唯一的君主。

他勤奋地处理公务，从来不知疲倦；他十分活跃的头脑几乎不间断地一直用于阅读、写作、思考、接见外国使节、研究臣民的疾苦和不满。②

这位君王在年轻时四处征战，最终在皇位的角逐中胜出。此后，便着手筹建新都并进行了一系列改革，使帝国发展达到鼎盛。如果说戴克里先的改革强化了中央集权，使垂死的罗

---

① 〔英〕爱德华·吉本. 罗马帝国衰亡史〔M〕. 黄宜思和黄雨石，译. 北京：商务印书馆，1997：220.

② 〔英〕爱德华·吉本. 罗马帝国衰亡史〔M〕. 黄宜思和黄雨石，译. 北京：商务印书馆，1997：409.

马—地中海世界摆脱了覆灭的命运，君士坦丁的改革则使罗马—地中海世界进入了一个新的时代。

公元330年，君士坦丁堡举行落成典礼。自此，这座意为君士坦丁之城的伟大城市成为了帝国新的首都，与之相伴的是新的行政管理制度的启用。为了进一步加强中央集权，君士坦丁在戴克里先的行省—教区二级行政区划制度的基础上，增设了"大行政区"这一级别，并改革各级官僚机构，实行文武分治，所有官员皆由皇帝亲自任命。

君士坦丁曾娶过两任妻子，共育有四个儿子和三个女儿，这对存在多位君王无子嗣的罗马—拜占庭帝国而言，是一件幸运的事。他废除了戴克里先推行的"四帝共治制"，正式实行世袭制，使得皇权像私人财产一样传给具有血缘关系的后代。

在经济方面，为了遏制通货膨胀，君士坦丁于公元310年开始发行小面值金币索利多，并将之广泛用于税收、纳贡、官员们的工资支付。在此后700余年中，该币币值稳定，不仅是拜占庭帝国的标准货币，也是整个地中海经济圈最具信誉的国际货币。

此外，为了恢复生产和贸易，君士坦丁取消了物价管制，放松了对基本物资的强制收购。然而，整个社会的阶层流动性仍非常有限。工商业继续受到同业公会的管辖，子承父业仍是社会的真实写照。为了使农民永久束缚于土地，他于公元332年颁布法令，严禁隶农自由迁徙。

四、5 世纪至 6 世纪的分裂、危机与复苏

公元337年，君士坦丁去世，皇位继承战争在子侄之间展开。直到公元394年，狄奥多西一世击败了西部的篡位者欧根尼乌斯，成为帝国唯一的统治者，罗马帝国历经多次东西分治后实现了最后一次统一。然而，一年之后，狄奥多西一世便去

世了，帝国在他两个儿子之间再次被一分为二。

此后的 75 年，对于西罗马帝国而言，是一段衰落和悲惨的历史。由于匈奴人的西迁，一向生活在罗马帝国北部和东北部的日耳曼诸部族开始大批涌向帝国的边界，甚至越过阿尔卑斯山攻入意大利半岛。在 5 世纪时，繁荣的古罗马城，先后遭到哥特人、汪达尔人和勃艮第人的洗劫。爱德华·吉本记述了罗马城遭遇哥特军队围困的情形：

这座不幸的城市逐渐感受到了食物缺乏的痛苦，而后更是出现了可怕的大饥荒。每天供应的面包从三磅减为半磅、三分之一磅，到完全停发。与此同时，粮食价格却在疯狂的上涨。①

公元 476 年，日耳曼将领奥多亚克废黜西罗马最后一任皇帝罗慕路斯·奥古斯都，至此，西罗马帝国灭亡。同一时期，与之遥遥相望的东罗马帝国，局势也十分紧张，不仅要面对日耳曼诸部族的入侵，新兴的萨珊王朝也屡次入侵美索不达米亚。然而，东罗马帝国最终生存了下来。

这其中的原因是多方面的，除了东罗马皇帝多次采用"祸水西引"的手段来摆脱日耳曼部落入侵之外，东罗马帝国的经济状况要更好一些，具有较强的抵御社会动荡的能力。尤其东部的叙利亚、埃及等是帝国富庶之地，由希腊人经营的地中海贸易更是为帝国带来了大量财富。

东罗马帝国能走出危机迎来复苏，离不开统治者阿纳斯塔修斯的励精图治。阿纳斯塔修斯曾是皇帝芝诺的传令官，沉稳干练，在元老院拥有很高的威望。公元 491 年，芝诺去世，群臣要求原皇后阿里阿德涅选择一个崇尚正统教义的人为她的新任丈夫，使其继承罗马皇帝之位，于是 61 岁的阿纳斯塔修斯被

---

① ［英］爱德华·吉本. 罗马帝国衰亡史［M］. 黄宜思和黄雨石，译. 北京：商务印书馆，1997：445.

选中。

这一选择有些令人意外，因为阿纳斯塔修斯此前并没有参与政治。然而，无论是元老院还是军队，都支持这一选择。①

阿纳斯塔修斯在位 27 年，实施了很多善政。他废除了对城市工商业征收的"金银税"，将以实物征收的"公粮税"改为以货币形式征收，对于那些遭受过敌人侵犯的城市，更是免除七年的税款。于是，经济更具活力了，工商业发展了，国家财政收入增长了。

与此同时，为了减轻百姓的负担，他减少了公共事业开支和政府的消费，取缔了由城市自治团体征税的旧习俗，改为派遣专门的税吏去征税。更重要的，为了便利百姓日常交易，他发行了价值 40 努姆斯的弗里斯铜币及其辅币，从此，拜占庭拥有了自己的特色钱币。

公元 518 年，衰老的阿纳斯塔修斯离开了人世。他留下了一个完整的帝国、一支训练精良的军队和一个充盈的国库。此时的拜占庭，经历过 5 世纪的危机，不仅生存了下来，而且各方面比以前更稳固了。

第二节   优士丁尼时代的到来

这是一个重大的时代，没有起始，也没有终结。它是连接两个世界的一条纽带，纽带的一端是一个正在告终的世界，另一端是一个正在崛起的世界。②

拜占庭走出 5 世纪的危机后，迎来了优士丁尼的时代。他

---

①   Jones, A. H. M. *The Later Roman Empire*, 284 – 602 (*Vol.* 1) [M]. Norman: University of Oklahoma Press, 1964: 230.

②   Blanqui, J. A. *History of Political Economy in Europe* [M]. English trans. By E. J. Leonard, New York, 1880: 101.

主宰地中海达半个世纪之久，既承续了罗马帝国的传统，又"开创"了希腊化、东方化的拜占庭帝国。约翰·W. 巴尔克评论道："优士丁尼的统治，实际上是古罗马的全地中海世界的概念的最后一次昙花一现。"①

一、走向权力的中心

优士丁尼走向权力的中心离不开其舅父优士丁的提携。优士丁是农民出身，早年在利奥皇帝执政时期，便同两名同乡弃农从军，开启 50 余年的军旅生涯。到了阿纳斯塔修斯统治的时代，优士丁尼已升任为军团司令官，并拥有皇帝近卫军的指挥权。

公元 518 年，阿纳斯塔修斯去世后，优士丁在元老院和军队的支持下，登上了拜占庭皇帝的宝座，彼时已经 68 岁。充当士兵的经历并不能使他具备统治一个王国的才能。他需要一个得力的帮手和继承人。然而，这位年事已高的皇帝膝下无子女。于是，他便从自己兄妹的子女中物色有才能的接班人，最后妹妹的儿子优士丁尼被选中。在优士丁的关照下，优士丁尼接受了正统教育。

优士丁继位时，优士丁尼已 34 岁。作为舅父的得力助手，他习惯于管理整个政府，并参与了很多重大决策，包括为了迎娶心爱的女人而修改法律。普罗柯比在《战史》中强调，早在优士丁尼正式登上皇位之前，便常常随心所欲地处理国家大事，"有权随意接触外交使节"。②

在一开始，优士丁尼是以皇帝的个人侍从官身份出入宫廷，

---

① Barker, J. W. *Justinian and the Later Roman Empire* [M]. Madison：University of Wisconsin Press, 1966：207 – 210.

② ［美］瓦西列夫. 拜占庭帝国史 [M]. 徐家玲，译. 北京：商务印书馆，2019：205 – 207.

后来由于参与了除掉其舅父的政治对手阿曼修斯和维塔利安的事件，逐渐走上权力中心。公元 521 年，优士丁尼接替维塔利安成为东方步骑兵总指挥。公元 525 年，优士丁尼被优士丁封为凯撒。

总的来说，在辅佐优士丁统治的 9 年里，优士丁尼不仅积累了统治经验，还稳定了自己在拜占庭统治机构中的地位。可以说，优士丁统治时期已拉开优士丁尼时代的序幕。

公元 527 年 4 月 1 日，优士丁在病重中将优士丁尼加冕为"奥古斯都"，成为"共治皇帝"。8 月 1 日，优士丁去世，优士丁尼才成为独任的君主，其实，早在 4 个月前的那次加冕仪式之后，优士丁尼已成为国人心中唯一的皇帝。

二、重现帝国的辉煌

公元 527 年，优士丁尼一世继位。从此，他开始着手实现自己的政治梦想，以毕生精力重现君士坦丁统治时期的荣光，力图恢复古代罗马帝国的旧疆界，使地中海再次成为罗马人的内海。

在继位后不久，优士丁尼便任命 22 岁的"嘴唇上刚长胡子"[①] 的贝利萨留为东征大将军，率军讨伐波斯。战争初期，波斯占据优势。公元 530 年，贝利萨留在德拉城会战中大胜。次年，波斯在卡尔基斯会战中又大败拜占庭。

在优士丁尼统治的前 5 年里，波斯和拜占庭在帝国西部频繁交手，夺而复失，失而复得，战争持续拉锯。对于优士丁尼而言，这是一场代价高昂且无利可图的战争，直到他的骄傲屈服于他的野心，这场战争才告一段落。

在帝国西部和非洲，距离西罗马帝国灭亡已有大约 50 年，

---

① ［东罗马］普罗柯比.战史［M］.崔艳红，译.郑州：大象出版社，2010：30－31.

哥特人和汪达尔人建立的王国不仅站稳了脚跟，似乎还建立起了自己独立的政权。在优士丁尼看来：哥特人以暴力夺得了意大利（大区），却至今不把它交还。

于是，公元532年，优士丁尼为了恢复昔日罗马帝国的疆域，决定集中兵力向西发动战争。他不惜以11000磅黄金为代价，与波斯缔结了"永久性"的和平协定，暂时稳定了东方边境。为了稳定北方边境，优士丁尼又用重金收买了北部日耳曼诸部落的酋长。

公元533年8月，优士丁尼借口其同盟者希尔得西斯被废黜，派贝利萨留率军进攻北非的汪达尔王国。仅几个月内，贝利萨留便一举消灭了汪达尔王国，使这个民族自此从历史上消失了。

公元535年，优士丁尼又一鼓作气，借东哥特国内政权更替、内战爆发之际，挥军北上，占领了撒丁岛和科西嘉岛，并在意大利半岛登陆。在贝利萨留的带领下，拜占庭军队势如破竹，取得节节胜利，于次年，攻入罗马。公元540年，又攻陷东哥特都城拉文纳。至此，东哥特的战争暂时告一段落。

拜占庭在北非和西部的胜利，使得远在东方的波斯皇帝库思老意难平。他对优士丁尼的嫉妒心被煽动起来了。趁着贝利萨留征战于意大利战场难以抽身之际，库思老思忖着破坏合约，挑起战端。据说，当时优士丁尼对库思老的意图已有所察觉，还曾修书一封给库思老以示劝谏：

只有愚蠢的人才会逆天意行事，以子虚乌有的借口发动战争，去伤害最真诚的朋友。要知道破坏和平协定挑起战争是一件轻而易举的事，但若想再次恢复和平就难上加难。①

---

① ［东罗马］普罗柯比.战史［M］.崔艳红，译.郑州：大象出版社，2010：98-99.

然而，公元 540 年的冬天还未结束，库思老便撕毁条约，突然大举入侵拜占庭。据守幼发拉底河一带的军队并无防备，不久，安条克被毁。次年，波斯军队又侵入拉齐卡地区。于是，优士丁尼把贝利萨留从意大利半岛召回，派往波斯战场进行反击。公元 541—544 年，贝利萨留取得几次胜利。

在帝国东部，贝利萨留离开意大利后，东哥特人乘机发动起义。公元 544 年，贝利萨留再次被优士丁尼派往意大利大区镇压起义。但是，东哥特战争并没有很快结束，一直延续至公元 554 年，在此期间优士丁尼多次临阵换帅。公元 554 年，纳尔塞斯将军率领拜占庭精锐，一举扫除东哥特残余势力。至此，东哥特王国灭亡。

经过一系列的征伐，优士丁尼统治下的拜占庭成为亚欧大陆上最强大的帝国，其疆域面积比最初登基时几乎扩大了一倍。除了不列颠和法兰克王国仍然占据着的高卢以外，优士丁尼基本实现了重新统一地中海的梦想。

三、中央集权的加强

他始终是一个独立的君主，任何人不能和他的权力相抗衡。他每一分钟都注视着帝国的各个方面，甚至夜间也在忙碌，人们称他是"从不睡觉"的皇帝。①

优士丁尼在位的 38 年中，除了通过一系列战争恢复昔日罗马帝国的疆域，还不断加强中央集权，试图建立"一位皇帝、一部法律、一个帝国"的新秩序。

公元 527 年，优士丁尼刚刚继位，便下令组建了 10 人委员会，开始编纂《优士丁尼法典》。此后，又相继完成了《法学汇

---

① Barker, J. W. *Justinian and the Later Roman Empire* [M]. Madison: University of Wisconsin Press, 1966: 207–210.

编》和《法学的阶梯》。皇帝的威严荣光不仅要依靠武力和兵器，还需要法律来巩固。法律的许多内容与行政程序及机构设置有关，通过明确各地区执法机关的责任和权力，加强了对整个国家的控制。此外，律法中关于行为伦理、财产和臣民的一般守则，也是其皇权至上思想的体现。

在优士丁尼统治的第 5 年，君士坦丁堡发生了持续 8 天的大骚乱，局面一度无法控制，矛盾直指优士丁尼的皇权。这次事件对优士丁尼的触动很大。事件平息后，优士丁尼对异己势力展开了清除，许多在骚乱中态度不明或暗中支持暴动的元老、大贵族被处死，包括前任皇帝阿纳斯塔修斯的亲戚。从此，以皇权为中心的中央集权得到巩固。

像戴克里先一样，优士丁尼特别强调君权神授，认为皇帝是代表上帝的意志来统治人间事务的。在优士丁尼在位的第 13 年，几百年前曾由大布鲁图斯建立的执政官制度彻底废除了。为了树立自己光辉伟岸的形象，优士丁尼还修建了很多宫殿和教堂。

为了加强中央集权，优士丁尼还结合各地实际情况，进行了行政改革。一方面取消了大行政区和行省之间的中间层级行政区，以提高行政效率，另一方面又在叙利亚将一些小省合并为较大的行省，以便集权管理。在小亚细亚，为了阻止军队和地方行政官员发生冲突，他恢复了戴克里先之前的军政合权的管理方式。在北非，优士丁尼委派一个行政长官掌握两个省的军队调动权，以保障地区安定和粮食供应。

在经济方面，优士丁尼不仅加重了赋税以便为军事征服提供经济支持，还加大了国家垄断经济的成分。政府不仅管理着一大批排他性的工商业团体，还经营着包括矿场、采石场、盐井、造币厂及武器制造等若干种事业。总的来说，优士丁尼继承并发展了戴克里先开创的国家主导经济的传统。

四、优士丁尼的晚年

公元 548 年 6 月 28 日，皇后狄奥多拉逝世。从此，曾经不可一世的优士丁尼失去贤内助，变得猜忌多疑、优柔寡断。他已失去了年轻时代的明快和活力。在他的晚年，宫廷阴谋不断，边境和宗教纷争问题再现，瘟疫、地震多发，整个拜占庭帝国呈现出一片衰落的迹象。

繁荣使腐败的条件趋于成熟；毁灭的因素随着领土的扩张而不断增加；一旦时机成熟，或由于偶然事件抽取了人为的支撑，那无比庞大的机构便会由于无法承受自身的重量而倒塌。①

优士丁尼无子嗣。狄奥多拉的去世，使得反对者获得新生，对皇位的觊觎之心日益膨胀。在狄奥多拉去世后的第二年，一位亚美尼亚籍的将军阿尔塔巴内斯便策划了一起宫廷阴谋，企图杀害优士丁尼和贝利萨留。这位将军在狄奥多拉在世时，曾向优士丁尼请求娶其妹妹为妻，但遭到了拒绝，所以，一直心怀不满。最后，这次阴谋虽被揭穿，但却引起了朝局的动荡。

在优士丁尼统治的第 32 年，保加利亚人越过多瑙河，直奔守卫君士坦丁堡的长城。年迈的皇帝、元老们和百姓一样胆战心惊，直到贝利萨留的名字唤起了人们争胜的热情。然而，都城解困带给贝利萨留的不是恩赏，而是皇帝的嫉妒和猜疑。两年后，优士丁尼听信谗言，解除了贝利萨留的军权，并查封了他的所有财产。从此，一代名将就此陨落。

除了边患问题之外，帝国全境接连发生的瘟疫也加深了社会危机，使得优士丁尼的晚年统治动荡不安。6 世纪是瘟疫多发

---

① ［英］爱德华·吉本. 罗马帝国衰亡史［M］. 黄宜思和黄雨石，译. 北京：商务印书馆，1997：525.

时期，大大小小的瘟疫合计达 52 次。① 特别是公元 541 年暴发的鼠疫，使帝国的经济和社会受到严重打击。最开始，鼠疫在帝国属地埃及暴发，接着便迅速传播到了首都君士坦丁堡及其他地区。当时出现了许多恐怖的景象：

> 当人们正在相互交谈时，便不由自主地开始摇晃，然后就倒在地上；人们买东西时，站在那儿谈话或者数零钱时，死亡也会不期而至。最早感染鼠疫的是那些睡在大街上的贫苦人，鼠疫最严重的时候，一天就有 5000 到 7000 人，甚至上万人不幸死去。②

据记载，这场瘟疫在君士坦丁堡肆虐了四个月之久，帝国人口估计减少了三分之一③。公元 558 年，瘟疫在君士坦丁堡复发，此后西里西亚等地也发生疫情。瘟疫的流行和多发，使得帝国的劳动力和兵源遭到严重破坏，土地荒芜，经济凋敝，饥荒严重，内乱频发，就连优士丁尼本人也病倒了。虽然，优士丁尼最后恢复了健康，但鼠疫引发的内忧外患，彻底粉碎了他的雄心壮志。从此，拜占庭元气大伤，走向分崩离析。

第三节　优士丁尼时代的经济发展

一、农工商业的发展

在优士丁尼时代，帝国坚持对经济生活进行管控。在工商

---

① Stathakopoulos, D. *Famine and Pestilence in the Late Rome and Early Byzantine Empire* [M]. Aldershot: Ashgate Publishing, 2004: 23.

② [东罗马] 普罗柯比. 战史 [M]. 崔艳红, 译. 郑州: 大象出版社, 2010: 64–66.

③ Mango, C. *The Oxford History of Byzantium* [M]. Oxford: Oxford University Press, 2002: 49.

业方面，政府通过严密的同业公会和工匠世袭制度，掌控着人们的职业选择。根据规定，每个作坊主、商人、手工业者都必须参加自己所从事的那个行业的同业公会，必须服从同业公会制定的章程，否则便被取消从业资格。

其实，在罗马帝国1世纪至2世纪鼎盛时期，同业公会是公益和联谊性质的，政府不加干预。然而，从3世纪的危机与动乱开始，政府对同业公会的控制越来越严，要求他们为政府服务，并使会员资格成为强制性的和世袭性的。到了戴克里先和君士坦丁一世统治时期，职业固定、世袭化并加以管制的措施继续加强。

优士丁尼继承和发展了这些做法，并且以法律的形式把基本的原则和某些具体的做法固定下来了。根据规定，公会成员除了需要缴纳个人税款和附带的捐税以外，有些团体还需履行若干种政府职能的义务。

一些大的团体负责监督某些税款的征集、大型公共工程的建造等。这些负担，叫做"非常公役"。那些小的团体负担包括缴付地方捐税、看守桥梁、公路等，叫做"微贱公役"。若干种需要技巧或技术经验的职业，如染师、珠宝匠等，享受着免除"公役"的权利，但他们的团体仍受到政府管制。①

除了管理工商业团体以外，政府还直接参与工商业的经营。几乎所有重要的工业品都是国营工厂生产出来的。例如，矿场、采石场、盐井、造币厂和武器生产厂等都由国家直接经营。对于很多分散且规模小的行业，政府虽无法直接经营，却仍可以通过同业公会严格管理并课税。

在5世纪至6世纪，帝国政府曾试图垄断丝绸的进口和丝

---

① ［美］詹姆斯·汤普逊. 中世纪经济社会史（上册）［M］. 耿淡如，译. 北京：商务印书馆，1997：210.

第一章　优士丁尼王朝概况

织品的制造。然而，由于官营工厂的生产能力有限，无法满足上流社会对丝织品日益增长的需求，最后不得不允许私营丝织厂进入，但6世纪中期之前，帝国的生丝主要来自东方，政府仍严格垄断生丝的购买。

至于农业，戴克里先和君士坦丁通过改革，强制性地把包括地主、自耕农、佃户和奴隶在内的劳动人口固定在他们所耕作的土地上。到了阿纳斯塔修斯统治时期，法令规定"凡是在一块土地上耕作时间达到30年，便永远不能再离开这块土地"，农奴化程度进一步加深。到了优士丁尼时代，为了防止弃田数目的增加，开始征收"联保地税"。按照规定：

当附近土地被它的所有者遗弃时，或者所有者无力付税时，当地的业主负有连带责任，应当承担应付税款。①

总的来说，优士丁尼延续了戴克里先、君士坦丁的经济政策。帝国不仅控制和管理着国家经济的方方面面，本身还从事着各种各样的产业经营。然而这一切，完全出于财政的考虑，是为了使国库充实而不是使帝国富裕。

二、帝国经济的运转

帝国的身躯和头部在欧洲，而她的四肢则伸展到小亚细亚和埃及。②

优士丁尼时代的拜占庭是一个横跨欧亚非三洲的庞大帝国。她统治着64个省份和935个城市。其中，首都君士坦丁堡，是国际化的大都市，有着数十万人口，位于亚欧商路的重要位置。亚历山大是著名的纸草、玻璃制品和纺织品出口产地。黑海海

---

① ［美］詹姆斯·汤普逊．中世纪经济社会史（上册）［M］．耿淡如，译．北京：商务印书馆，1997：214.

② ［美］詹姆斯·汤普逊．中世纪经济社会史（上册）［M］．耿淡如，译．北京：商务印书馆，1997：201.

岸的本都是矿物和冶金制品生产中心。

在帝国境内，驿站林立，公路系统发达，条条大路通首都。在巴尔干半岛上，多瑙河内河航运发达，联系着拜占庭和中欧、西欧。在地中海上，商船穿梭如织，国内国际贸易一片繁荣。整个帝国各个地区之间经济联系密切，在中央集权下有序运转。这一点从君士坦丁堡的粮食供应可以看出。

帝国主要有两个粮食产区，一是埃及，二是黑海西岸和南岸。埃及向君士坦丁堡供应的粮食由政府管理，价格由政府控制；来自黑海西岸和南岸的粮食，主要由享有特权的大商人经营，但政府会严加管理。①

为了保障埃及对首都的粮食供应，优士丁尼在亚历山大港的码头修建了坚固的谷仓，并专门派兵设防。粮食从亚历山大启运后，常常需要在达达尼尔海口停留一个月，等待顺风的到来。为此，优士丁尼又在那里修建仓库作为中转站，方便运粮船只在亚历山大与达达尼尔海口之间多次往返。整个粮食供应链的运转井然有序。

对外贸易也受到政府的严格管制。优士丁尼制定了严格的港口章程和征税制度。关税税率很高，为12.5%，只有少数几个港口城市才准许从事对外贸易。例如，克里斯马和优塔巴是远东贸易的港口；博斯普鲁斯海上的港口是希隆，对波斯的陆路贸易口岸设在尼西比斯。此外，在多瑙河航线上也设有两三处对西方的贸易口岸。

从事对外贸易的人员主要有两大类。第一类是代表皇帝和国家的关务专员或代理人，因附属于皇室或朝廷具有免税资格。例如，在6世纪，在叙利亚边境的关务专员，可以代表国家在私商之前以低价购入全部进口丝绸。第二类是参与远距离贸易

---

① 厉以宁. 罗马－拜占庭经济史［M］. 北京：商务印书馆，2015：493.

的教会及其代理人。由于教会的地产分布各地，这使得教会得
以在自家地产之间流转商品，从而免税。

在君士坦丁堡，叙利亚人、阿拉伯人、罗斯人、匈牙利人
和保加利亚人都可进行贸易活动，但他们的往来和交易受到严
密的监视。一名外国商人在城内逗留的时间，不得超过三个月。
在三个月以内，只要支付了进口税，便可以自由交易。外国人
的货物在售给行会采购员时，必须经过检查，成交的价格，可
能不是市场价格，而是官方的指导价。此外，政府严格禁止生
铁、铜、武器和铠甲的出口。

三、财政状况与政策

在优士丁尼继位之初，国库比较充实，积蓄达 32 万磅黄
金。这是阿纳斯塔修斯多年来实行轻徭薄赋、扩大税源政策的
结果。然而，优士丁尼很快耗尽了这笔积蓄，在其执政的大部
分时间，都不得不为筹措军费而发愁。普罗柯比曾将帝国的国
库比做大胃王，"无论投喂多少羔羊，（肚子）仍然空空如
也"。①

在 6 世纪，大部分财政收入都被用于军事支出，包括战舰
的建造、城墙的修建及军队的开销。例如，在收复意大利半岛
时，东哥特战争延续了 20 余年之久，可想而知其耗资巨大。即
便是轻而易举便攻取的北非，在这里长期驻军和维持行政机构
的运转，所需支出也是庞大的。

据亨迪（1985）估计，优士丁尼每年需要为 1250 名驻扎在
非洲教区的行政官员和军事官员支付合计 53000 索利多金币，
为 15000 名低阶士兵支付约 142000 索利多。这些数额仅仅是根

---

① ［东罗马］普罗柯比. 战史［M］. 崔艳红，译. 郑州：大象出版社，2010：
67.

据他们的头衔和岗位进行的保守估算,并不包括额外的实物配给。与此同时,非洲教区六个行省的财政收入保守估计仅480000索利多,显然入不敷出。①

　　与北非相比,东部大区的财政状况也不容乐观。据亨迪(1985)估计,在东部,仅士兵薪酬便需花费997500索利多。此外,东部大区共包含5个教区,下辖50个行省,还有单列市首都君士坦丁堡,军事官员和行政官员合计共需支付1744800索利多,加上士兵薪酬合计2742300索利多。与此同时,东部大区以黄金形式持有的财政收入约3000000索利多。②虽然名义上略有结余,但实际上除却建筑、港口工程、赏赐、赎金等其他支出,仍然入不敷出。地震使得几个城市必须重新建造,也会带来巨额花销。

　　毫无疑问,在优士丁尼时代,人们的赋税是繁重的。为了增加财政收入,优士丁尼曾任命理财能手卡帕多西亚的约翰和彼得·巴西姆斯担任财政大臣。在他们的主持下,不仅曾被阿纳斯塔修斯取消的金银税重新恢复了,还对城市居民的住房新征收"天空税",对土地和房屋的业主征收"联保地税"。为了供给庞大的军队,罗马帝国曾实施过的义务兵役制和军粮缴纳制也被重新启用了,而且繁重程度更胜之前。

　　此外,优士丁尼还对税制进行了调整。从罗马共和国末年开始,罗马的财政便实施包税制,即政府把一定范围的征税权承包给出价最高的投标人,由后者负责征收,多征的税款归中标者所有,而政府则能得到预定的收入。在阿纳斯塔修斯统治时期,政府开始派遣专门的税吏负责地方征税工作。优士丁尼

① Hendy, M. F. *Studies in the Byzantine Monetary Economy c.* 300 - 1450 [M]. Cambridge:Cambridge University Press, 1985:165 - 167.

② Hendy, M. F. *Studies in the Byzantine Monetary Economy c.* 300 - 1450 [M]. Cambridge:Cambridge University Press, 1985:171.

进一步整顿了税务机构，取消了贵族地主享有的免税权。他要求官员核查各地税额，重新登记纳税单位，并尽可能让纳税人完成税收的缴纳。然而，在实践中，新税制是蛮横的，为了逼迫交付税款，贪污、酷刑和敲诈勒索屡见不鲜。

四、远东商路的探索

远若中国，亦与之通商；入口以丝为大宗，盖其时蚕桑二事，尚未移至西方也。丝至罗马，价等黄金，然用之者众，故金银乃如水东流。①

在优士丁尼时期，帝国对东方奢侈品的需求远胜于罗马时代的流行风尚。然而，帝国从东方进口的任何一种商品，都必须经过波斯商人之手。以丝绸为例，叙利亚在当时是帝国重要的丝绸加工基地。这里的丝织工厂由政府经营，专门生产皇家用的紫袍和主教贵族们穿的礼服，其生丝原料大部分需要从中国进口。

在当时，由中国西行的"丝绸之路"有水路和陆路两条通道。水路经锡兰在波斯湾登陆，陆路则经布哈拉进入波斯境内，最后由波斯境内的商人把货物经两河航路或红海水路转运到西方各地。这样一来，生丝的供应完全被波斯商人所垄断，叙利亚生丝加工产业的发展受制于波斯，尤其在拜占庭与波斯交战期间，生丝供应的中断，使叙利亚的经济受到很大的打击。

波斯这样支配的地位，不管那项商业是经过亚洲陆路而来的，还是经过波斯湾和红海水路而来的。拜占庭与波斯之间的长期争执本质上是贸易战争，其中丝绸贸易是它们争夺的主要

---

① ［英］威尔斯. 世界史纲［M］. 吴文藻等，译. 南京：译林出版社，2015：516.

对象。①

因此，优士丁尼决心开辟通往东方的商路，摆脱波斯商人对拜占庭工商业的制约。他试图从黑海和红海两个方向绕开波斯，直接通往东方。然而，在黑海方向，由于克里米亚的部分地区长期被匈奴人和其他游牧部落占领，民族成分复杂，道路条件也不好，其文明开化程度又远逊于波斯人。所以，尽管优士丁尼在这里增派了驻军，修建了城寨，但在商业竞争中仍比不过波斯人。

在红海方向，途经红海直达东方的商路的起点是叙利亚和埃及。在优士丁尼时代，这两个地方仍在拜占庭的控制之下，但由于商船太少，不能保证正常运输。于是，在公元528年波斯战争发生后，优士丁尼企图同埃及以南的位于红海出口处的阿克苏姆王国结盟，一同发展红海与印度之间的商路。然而，他们发现印度各口岸的丝绸交易早已被波斯商人垄断，阿克苏姆难以插足，于是，拜占庭期望从红海方向开通商路的努力也落空了。

波斯是印度的近邻，与印度王国贵族维持着良好关系。大批波斯人在印度和锡兰经商。在那里，他们不仅享有免税等特权，还建立了范围大、势力强的居留地。②

因此，当优士丁尼在公元532年不惜以11000磅黄金为代价，与波斯缔结了"永久性"的和平协定时，实际上也是由于经济方面的万般无奈。这笔名义上作为波斯人保护高加索山路的酬劳，实际上是为了恢复丝绸贸易而付出的代价。

---

① ［美］詹姆斯·汤普逊. 中世纪经济社会史（上册）［M］. 耿淡如，译. 北京：商务印书馆，1997：207.

② ［美］詹姆斯·汤普逊. 中世纪经济社会史（上册）［M］. 耿淡如，译. 北京：商务印书馆，1997：208.

第四节　后优士丁尼时代

优士丁尼去世后，留下了一个庞大的帝国。然而，此时的帝国仅是一个"空架子"而已。面对一系列内忧外患，后继者们显得力不从心，被优士丁尼征服的土地相继丢失，帝国快速衰落分解。

一、优士丁尼留下的难题

公元565年到公元610年是拜占庭历史上最灰暗无光的时期。在这一时期，混乱、贫穷和瘟疫席卷了整个帝国，以至于优士丁二世时期的历史学家以弗所约翰认为，世界末日将来临。①

公元565年11月14日，优士丁尼逝世。他的遗体被安葬在首都圣使徒教堂的墓穴中。环顾此时的帝国，西边，虽然意大利半岛已被夺回，但经过20余年的战争，已变得满目疮痍。东边，虽然帝国与波斯之间暂时媾和，但却是以昂贵的贡金为代价。南边，虽然帝国收复了北非，但却不得不同当地摩尔人进行长期的斗争。此外，斯拉夫人、匈奴人和阿瓦尔人等周边民族仍时不时侵扰巴尔干半岛。

经过长年累月的军事征伐，帝国虽然表面上看起来仍然是强盛的，但实际上内里空虚、危机四伏。经济发展停滞，国库日渐空虚，军队疲惫不堪，士兵纷纷逃跑。优士丁二世继位后不久，在公元566年的一项诏令中便坦率承认："朕见国库空虚，军队如此混乱，以致国家处在蛮族的不断侵犯和侮辱的危

---

① ［美］瓦西列夫. 拜占庭帝国史［M］. 徐家玲，译. 北京：商务印书馆，2019：265.

险中。"①

在帝国西部，原居于中欧地区的伦巴第人在优士丁二世继位后的第 4 年，便越过阿尔卑斯山，侵入亚平宁半岛，赶走了驻扎在意大利半岛北部的拜占庭军队，并于公元 568 年建立了伦巴第王国。此时的拜占庭，在意大利仅保有半岛南端的一部分，以及拉文纳与罗马之间的一小块地区。故都罗马在伦巴第王国的环伺下，戚戚然而不知所处。

由于帝国中心的转移和各省份的相继失守，公众和私人的财源已完全断绝了：那棵地球上曾拥有众多民族在其树荫下生息的高大树木，现在已被砍去枝叶，那干枯的树干也被留在土地上任其枯萎了。②

在帝国北部，斯拉夫人和阿瓦尔人在民族大迁徙的浪潮中，已分别于公元 542 年和公元 557 年越过多瑙河，进入巴尔干半岛。在优士丁尼时代，斯拉夫人在定居于潘诺尼亚的阿瓦尔人的协助下，已开始不断骚扰君士坦丁堡近郊和巴尔干半岛南部地区。6 世纪末，阿瓦尔人实力壮大，达到极盛，已定居在整个马其顿和帖撒罗尼迦周围，并公然与拜占庭对抗。

在帝国东部，对波斯的战事仍在继续。在优士丁尼统治末期，拜占庭曾以每年支付 1.8 万磅黄金、为期 50 年为代价，与波斯媾和。优士丁二世继位后，因拒付协议规定的贡金，双方战事又起。此后，两国之间时战时和。直至公元 631 年，随着波斯科巴德二世与希拉克略议和，历经 400 余年的罗马波斯战争才真正结束。

---

① ［美］詹姆斯·汤普逊. 中世纪经济社会史（上册）［M］. 耿淡如，译. 北京：商务印书馆，1997：216.
② ［英］爱德华·吉本. 罗马帝国衰亡史［M］. 黄宜思和黄雨石，译. 北京：商务印书馆，1997：586.

二、优士丁二世

优士丁尼逝世后，接下来的三个皇帝分别是：优士丁二世、提比略二世和莫里斯。面对优士丁尼留下的千疮百孔的帝国和外敌入侵威胁的恶化，他们"虽然不是什么昏君或暴君，但也称不上雄才大略的君主"。[1] 在一系列内忧外患面前，他们几乎无回天之力，只能任由帝国衰落下去。

优士丁二世是优士丁尼的侄子。因优士丁尼无子，故非常重视兄弟姐妹们的孩子的教育和培养。七个侄子长大后都被委以重任。其中，优士丁二世是优士丁尼的妹妹维吉蒂亚之子，皇后狄奥多拉对他非常宠爱，并将自己的侄女索菲亚嫁给他。

在狄奥多拉去世后，优士丁尼曾一度犹豫，在优士丁和堂兄弟杰曼努斯的儿子另一个优士丁之间举棋不定。后者是一位十分能干的军事将领，他们在朝廷内外都有大批支持者。然而，公元565年11月14日，在优士丁尼弥留之际，堂兄弟的儿子正在高加索前线浴血奋战。于是，妹妹的儿子优士丁被指定为继承人。第二天，加冕仪式顺利举行。

他承诺纠正使他的前任统治蒙羞的权力滥用，建立一个公正和仁慈的政府，并宣布在即将到来的一月份，他将亲自恢复罗马执政官的名誉和自由。[2]

在登基演说中，优士丁二世作出了承诺。作为遵守承诺的表示，优士丁登基后便立即偿还了叔叔优士丁尼的债务，并宣布了宽容的宗教政策。三年后，他的妻子索菲亚效仿他的做法，又解除了很多群众的债务。

在外交方面，优士丁二世虽然接手了一个虚弱窘困的帝国，

---

① 厉以宁. 罗马-拜占庭经济史 [M]. 北京：商务印书馆，2015：505.

② Gibbon, E. *The History of the Decline and Fall of the Roman Empire* [M]. London：Penguin Publishing, 2001：580–581.

却采取了不屈不挠的态度。在登基第 7 天，他便通过举办豪华的接待仪式，向阿瓦尔人的使者宣扬了拜占庭的自信、威严和国力，并令使者们深感惊讶、崇拜和恐惧。

在宫门外，宽敞的庭院和长长的门廊上站着一列列士兵。他们戴着高耸的羽冠，拿着镀金的圆盾，手持长矛和斧头，展示出胜于在战场上的自信……当内殿的帷幔被拉开时，使者们看到在由四根柱子支撑的华盖下，皇帝庄严地坐在宝座上，头戴装饰着胜利女神的皇冠。[①]

与此同时，优士丁二世停止了优士丁尼时期采用的用金钱收买敌人的做法。公元 568 年，他停止向阿瓦尔人支付贡金，但很快又不得不恢复。公元 572 年，他又停止履行公元 562 年与波斯签订的 50 年和平协定，拒绝向波斯支付贡金。同时，他还与中亚的西突厥结盟，共同对抗阿瓦尔人和波斯人。

然而，实际的情况是，在优士丁二世统治时期，拜占庭不断地丢城弃地，意大利半岛的大部分领土被伦巴第人占领了，北非的摩尔人也不断地反叛，巴尔干半岛则被阿尔瓦人不断地侵蚀。在波斯战场，烽火燃起后，拜占庭败多胜少，公元 573 年 11 月，更是丢失了重要城塞德拉。

善良、失落的优士丁二世在得知德拉城陷落后，变得精神错乱，逐渐淡出权力中心。像优士丁尼王朝的其他皇帝一样，优士丁二世无子，皇后索菲亚接管朝政，直至公元 578 年 10 月 5 日优士丁去世，养子提比略成为唯一的皇帝。索菲亚在摄政期间，曾再次以支付贡金的方式与波斯库思老一世达成休战协议。

---

① Gibbon, E. *The History of the Decline and Fall of the Roman Empire* [M]. London: Penguin Publishing, 2001: 584.

三、提比略和莫里斯

公元 574 年，在索菲亚皇后的建议下，优士丁二世将提比略收为养子。直到公元 578 年优士丁驾崩时，提比略正式继位，改名君士坦丁，史称提比略二世。提比略是优士丁一世的侄孙的岳父，在优士丁二世去世时担任皇城守卫军首领。他相貌俊美，索菲亚很喜欢他，并曾试图在优士丁去世后嫁给他，后未果。

提比略二世自登基以来，主要集中兵力同波斯进行战斗，并取得了一些胜利。面对阿瓦尔人乘机越过多瑙河进入巴尔干地区，只能采取支付贡金的方式换取和平。公元 581 年，阿瓦尔人占领锡尔木姆之后，双方签订和平协议，拜占庭支付贡金 8 万索利多。同一时期，斯拉夫人也开始大规模地渡过多瑙河，占领了巴尔干半岛的大片腹地。

其实，提比略二世是一个仁慈、大方的皇帝。他憎恶透过人民的眼泪搜刮黄金。他免除了遭受自然灾害或战争破坏地区的税负和欠款，虽然这对改善帝国财政只有些许帮助。他的慷慨一度使君士坦丁堡的人们怀疑皇帝发现了一个宝藏。然而，事实上，他真正的宝藏蕴藏在促进经济发展的实践中，和避免一切徒劳无用的开支。

公元 582 年，提比略二世病逝，在位时间不满四年，膝下无子。他将莫里斯收为养子，并在去世前将女儿许配给他使其成为皇位继承人。莫里斯是一位将军，颇具军事才干，曾在公元 578 年率军成功抵抗波斯的进攻。在登基的这一年，莫里斯 43 岁。在他此后执政的 20 余年间，外族入侵频繁，战火几乎燃遍了帝国全境。

在波斯方面，莫里斯继位后延续了此前的攻势，并在几次重要的会战中取得胜利。公元 589 年，波斯发生内乱。老国王被反叛者处死，其子库思老二世被迫逃往拜占庭。莫里斯权衡利弊，出兵援助，助其成功夺得皇位，并将女儿嫁于他为妻。此后，拜占庭和波斯暂时和平相处。

在意大利半岛，伦巴第人几乎占领了三分之二的领土。在北非，当地摩尔人起义不断。为了保有两地仍处于拜占庭控制下的地区，莫里斯开始实施军区制管理模式。在该模式下，地方总督不仅拥有军权，还拥有行政司法权，可以全权处理当地的突发状况，从而提高了管理的效率和灵活性。

在巴尔干半岛，莫里斯于公元582年登基后，阿瓦尔人使节便向拜占庭施压，要求将贡金从8万涨至10万索利多。公元583年，使节的要求被拒绝，于是维持了两年的和平被打破。一年后，双方议和，莫里斯同意支付巨额贡金。直到公元592年，随着波斯战事的结束，帝国开始了剿灭阿瓦尔的战争。在将军普里斯库斯的带领下，拜占庭方面取得了一系列胜利，帝国的军队自从图拉真去世后第一次再度踏入古老的达西亚。

然而，不间断的军事征伐和贡金交付，使得帝国财政日益匮乏，莫里斯开始缩减士兵们的酬金，并加重赋税，全国上下怨声载道。普里斯库斯将军的声望和才能，令莫里斯心生嫉妒。公元601年，在一次重大会战胜利后，普里斯库斯神秘地消失在历史的舞台上，军队的指挥权被交给了莫里斯的弟弟彼得。

在公元602年，为节约士兵津贴和补给开销，莫里斯命令军队在多瑙河对岸的敌占区建立冬季营地。这道不得人心的命令立即招致军队的坚决抵制。士兵们群情激奋，甚至一连派出八位使者前往彼得处请求取消皇命。当他们的请求一次又一次的石沉大海后，原普里斯库斯将军的部下百夫长福卡斯，带头举起了反对莫里斯统治的大旗。

公元602年11月25日，哗变的士兵们在福卡斯的率领下涌入君士坦丁堡。在一个月内，福卡斯便紫袍加身，并处死了出逃的莫里斯及其子女。自 4 世纪后半叶以来，帝国已历经百余年的合法继承，然而，福卡斯的上位标志着 3 世纪时的国内混战将再次上演。

四、王朝的终结

在短短一个月内，福卡斯便从一个底层的士兵，摇身一变成为帝国的皇帝，就连他自己都惊叹于自己的鲁莽。在被推上皇位时，他的声望如日中天。君士坦丁堡的百姓们，怀着对莫里斯统治的不满，纷纷走出门去欢迎福卡斯的到来，希望帝国可以从此轻徭薄赋、焕然一新。

然而，事与愿违，更悲惨的事情发生了。他的脾气因野心而狂妄粗暴，因恐惧而铁石心肠，因无能而恼羞成怒。福卡斯性格狂妄自大、残忍好杀，既没有安邦定国的本事，又缺乏笼络人心的手段，却继承了历代独裁者冷酷暴虐的缺点，由此激起了上及权贵高官、下至平民百姓的共同反抗。在他统治下的优士丁尼王朝的末期，经历了八年的内战。

由于名不正言不顺，福卡斯在继位伊始，便遭到许多元老、大贵族和行政官员的激烈反对。为了稳住局势，他除了将以莫里斯为代表的 1000 多名皇室成员赶尽杀绝外，还在都城内大肆屠杀不同政见者，许多有影响力的军政高层也难以幸免。

与国内高压政策形成鲜明对比的是，面对阿瓦尔人的侵袭，福卡斯采取了支付贡金的方式换取和平。要知道，在莫里斯统治时期，拜占庭军队曾再次踏入达西亚，几次会战令阿瓦尔军队元气大伤。

与此同时，在帝国东部，波斯皇帝库思老二世以恩主莫里斯报酬为借口，撕毁了和拜占庭之间的和平协议，发动了对拜占庭的战争。福卡斯试图再次采用支付贡金的方式换取和平，在遭到拒绝后被迫应战，却接连战败。

　　福卡斯的冷酷残暴、外强中干使他很快便失去了民心，落得众叛亲离、难以济矣的下场。各地军队和精英阶层接连起事，帝国几乎陷入无政府状态。公元603年，老将纳尔塞斯在帝国防线最东端的埃德萨发动起义。公元605年，福卡斯自己的岳父也公然造反。公元608年，非洲总督老希拉克略也发动了起义。

　　绿派因福卡斯的忘恩负义和特权的丧失而疏远他；帝国各个地区随时都可能发生叛乱；非洲总督希拉克略已坚持两年停止向君士坦丁堡进贡并拒绝服从命令。福卡斯这位出身百夫长的皇帝，他的所作所为让帝国蒙受耻辱。①

　　公元610年，老希拉克略长子希拉克略率大军抵达君士坦丁堡城下，未遇抵抗便占领了首都。希拉克略俘获福卡斯后，质问道："卑鄙的人，难道这就是你想要的统治吗？"福卡斯反问道："难不成你将来会统治得更好？"听罢，希拉克略愤怒异常，当场将福卡斯斩首②。自此，优士丁尼王朝的统治结束了。这一年秋天，希拉克略登基，开始了希拉克略王朝的统治。

---

　　① Gibbon, E. *The History of the Decline and Fall of the Roman Empire* [M]. London: Penguin Publishing, 2001: 590.

　　② Gibbon, E. *The History of the Decline and Fall of the Roman Empire* [M]. London: Penguin Publishing, 2001: 600.

第二章 优士丁尼王朝货币体系的起源

优士丁尼王朝的货币制度在很多方面都是罗马帝国的延续。所以，我们只有追溯至罗马帝国时期，观察罗马帝国时期货币逐渐演变发展的过程，才能真正知道哪些是优士丁尼王朝直接继承的内容，哪些是新创造的内容。

第一节 奥古斯都时期的货币

罗马帝国的货币体系可进一步追溯至共和国时期。在盖乌斯·屋大维奥古斯都统治时期，经过一系列货币改革，制币权进一步集中，整个货币体系由金币奥里斯、银币狄纳里和铜币塞斯特提、都蓬第和阿斯构成。

一、罗马共和国货币的演化

在古罗马早期，主要以铜块作为货币，包括"粗铜"（AES RUDE）和"印记铜"（AES SIGNATUM）。前者是原始的、未经加工的铜块，形状、重量皆不统一；后者是形状方整的块状铜，重量为 600~2500 克，常常印着公牛、鹰等官方戳记（见图 2-1）。在每次使用时，它们都需要称重。

公元前 289 年，罗马共和国出现了最早的青铜铸币"重铜"（AES GRAVE）（见图 2-2），即阿斯，重量为 1 罗马磅，约 327 克。发行之初，阿斯体积庞大，故使用浇铸法制成，即将金

注：① "印记铜"（AES SIGNATUM），打制于公元前280—前260年，重1790克。正面为公牛向右行走像；背面为公牛向左行走像。

②本小节币图均来自罗马货币数据库：http：//davy. potdevin. free. fr/Site/crawford1. html。

图2-1 罗马共和国时期的"印记铜"

属烧熔为汁，浇注在模具中，冷却后形成钱币。此后，阿斯经历了持续减重，公元前211年，1阿斯铜币的重量已降至54.5克。公元前27年，其重量进一步降至11克左右。随着体积的变小，它的制作方法也由浇铸改为打制，即将金属块放在模具中锤击而成。除了阿斯之外，罗马共和国还引入了价值2阿斯的大型青铜币都蓬第（DUPONDIUS）。不过，发行之初，其重量已不足2罗马磅。

注："重铜"阿斯，打制于公元前275—前270年，重333.5克。正面为罗马神雅努斯头像，无须；背面为罗马神墨丘利，面朝左，头戴翼帽。

图2-2 罗马共和国时期的"重铜"阿斯

公元前241年，罗马共和国开始打制银币，且其样式仿照了希腊银币德拉克马（DRACHMA）。这是因为罗马一直是一个银矿匮乏的国家。直到公元前241年，其在第一次布匿战争中取得胜利，获得了23000塔兰特①白银赔款，才开始打制德拉克马仿制币。最初发行时，该币重7.21克。此后，同铜币一样，经历了持续减重，在公元前211年已减至6.37克。

在公元前211年，罗马共和国开始打制自己的银币狄纳里（DENARIUS）（见图2-3）。在此后200余年间，狄纳里逐渐成为罗马的主要货币。"DENARIUS"在拉丁语中是"包含10"的意思。所以，发行之初，该币价值10阿斯，理论重量为1/72罗马磅，即4.54克，比希腊德拉克马略轻。此后，罗马还发行了面值更小的银币奎纳里（QUINARIUS）和塞斯特提（SESTERTIUS），其中前者价值1/2狄纳里，后者价值1/4狄纳里。

注：公元前211年，狄纳里银币打制于意大利半岛南部或西西里，重4.84克。正面为罗马女神戴头盔头像，面朝右，颈后方有标记"X"（10），表示1狄纳里银币等于10阿斯铜币；背面为双子驾车向右，脚线下币文"ROMA"（罗马）。

图2-3　罗马共和国时期的狄纳里银币

在公元前3世纪之前，金币在罗马一直都是稀有的存在。直到第二次布匿战争胜利，罗马占领了伊比利亚半岛，并在岛

---

① 塔兰特，当时通用的重量单位，相当于100罗马磅，实际质量大约在20千克至40千克之间。

上发现了金矿，于是先后发行过两次金币。然而，直到公元前1世纪中叶，金币仍不属于流通货币。在共和国末期，内战频发，军费紧张，苏拉曾为了给米特拉达梯战争筹款，从希腊、伊利里亚及安纳托利亚沿海地区搜刮来黄金，发行了重10.72克的金币奥里斯（AUREUS）（见图2-4），1奥里斯金币价值25狄纳里银币。在苏拉之后，凯撒在征战高卢的途中也获得了大量黄金。为了犒赏军队，凯撒也打制了大量金币奥里斯，然而，新币的重量标准被调整为1/40罗马磅，约8克。在凯撒统治的短短数十年间，大量的金币开始进入流通系统。

注：奥里斯打制于苏拉的随军造币厂，重10.76克。正面为维纳斯头像，戴着王冠，面朝右，底板右侧丘比特站像，面朝左，手持棕榈枝；背面为两个奖杯，之间还有水罐和弯曲的号角。

图2-4　苏拉发行的金币奥里斯

二、屋大维统一制币权

在罗马共和国时期，金银币的发行权一直掌握在军队最高统帅手中，而铜币的发行权则掌握在元老院手里。所以，当时境内有两种造币厂，一种是负责生产贵金属钱币的随军造币厂，另一种是负责生产印着标记"SC"（经元老院批准）的青铜币的元老院造币厂。直到屋大维统治时期，才将两种钱币的铸造权都集中到奥古斯都手中。①

　　屋大维统一制币权，经历了一个漫长的过程。从公元前44年凯撒被刺杀，至公元前31年亚克兴海战，流通中的货币主要是安东尼发行的。屋大维曾零星地发行过银币。经过亚克兴海战，屋大维打败了雷必达和安东尼，成为了罗马唯一的统治者。此后，屋大维发行了一些金币和银币，用来遣散参战的军人。

　　公元前27年，屋大维发表了还政演说，宣布将国家权力归还给元老院和罗马人民，其中包含了作为最高权力标志的铸币权。然而，需要说明的是，屋大维并没有完全放弃金币和银币的发行权。虽然，他停止在罗马发行货币，但在小亚细亚半岛和西班牙行省发行了一些金币和银币（见图2-5）。

　　注：公元前23年至公元前25年打制于西班牙埃梅里达，重3.7克。正面的头像面朝左，币文"IMP CAESAR - AVGVST"；背面为圆形盾牌，左侧箭头，右侧卷曲的剑，币文"P CARISIVS LEG PRO PR"。

图2-5　屋大维单独统治时期的银币狄纳里

　　公元前23年，作为军队最高统帅的屋大维获得终身保民官职务。公元前19年，他又被推举为终身执政官，重新获得了铸币权。从此，屋大维一方面基于其最高统帅权发行金币和银币，另一方面基于其保民官和终身执政官的权力，与元老院竞争青

---

　　①　石俊志. 尤利亚·克劳狄王朝货币简史［M］. 北京：中国金融出版社，2020：70.

铜币的发行权。最终，他将金银铜三种货币的铸币权都集中到了自己的手中。不过，出于惯常的做法，在此时的铜币上，仍保留着标记"SC"。

随着罗马不断向外扩张，屋大维还取得了占领区的货币发行权。公元前30年，屋大维占领埃及时，当地主要流通重13～14克的四德拉克马银币及一些个头比较大的青铜辅币。后来，四德拉克马逐渐停止流通，取而代之的是屋大维发行的银币狄纳里。关于铜币，屋大维最初发行的铜币使用了埃及克利奥派特拉七世的币模。后来，为了调整银铜比价，他引入了个头较小的印有价值标记的"Π"和"M"的铜币。在小亚细亚行省，屋大维制造了大量的蛇蓝币，使之与安东尼的蛇蓝币及更早生产的蛇蓝币并行流通。

三、货币体系的确立

自罗马开始发行铜币和银币以来，其重量一直在不断减少。在屋大维统治时期，铜币阿斯的理论重量已从公元前289年发行之初的327克降至13.63克，而实际重量只有11克左右。银币狄纳里的理论重量则是从公元前211年发行之初的4.54克降至3.9克左右。①

显然，银币和铜币的不断减重，使得金、银、铜三种货币之间的兑换越来越混乱。于是，屋大维统一铸币权后，进行了一系列改革，重新规范了整个货币体系。公元前23年，他颁布法令，对汇率进行了调整，规定罗马三种主要金属货币按1奥里斯金币＝25狄纳里银币＝400阿斯铜币进行兑换。

在新货币体系中，金币奥里斯的纯度非常高，大多在99%

---

① ［英］迈克尔·H.克劳福德.罗马共和国货币史［M］.张林，译.北京：法律出版社，2019：295.

以上，理论重量为7.96克，即1罗马磅黄金可打制40枚奥里斯金币（见图2-6）。银币狄纳里的纯度为96%～98%，理论重量为3.89克，即1罗马磅白银可打制84枚狄纳里银币。至于铜币，虽然其与银币狄纳里之间的兑换比率已从最初的1∶10调整为1∶16，但仍按照改革前的重量10.92克打制（见图2-7）。所以，屋大维是在尊重流通中货币实际重量的前提下，重新规范了它们之间的兑换比率。

注：该币打制于公元前19—前18年，重7.82克。正面为屋大维肖像，面朝右；背面为两个月桂枝，币文 CAESAR AVGVSTVS。

图2-6　屋大维单独统治时期的金币奥里斯

注：该币打制于公元前15—前10年，重11.12克。正面为奥古斯都头像，面朝右，币文 CAESAR PONT MAX；背面为祭坛正面饰有桂冠之间的日晷，左右两侧是站在柱子上的胜利女神，彼此面对。

图2-7　屋大维单独统治时期的铜币阿斯

这一时期，罗马的货币体系是以银币为基础的，所有铜币按可兑换银币的数量来确定价值。为了巩固银币的基础货币地位，屋大维继续将凯撒时期价值 1/2 狄纳里的奎纳里作为辅币。与此同时，将原本由银铸造的价值 1/4 狄纳里的塞斯特提改为由铜铸造。这是因为塞斯特提是面值最小的银币，其面值和铜币阿斯最为接近，更适合加入铜制辅币系列。改革后，1 枚塞斯特提仍可兑换 2.5 枚阿斯铜币。

此外，屋大维还将价值 2 阿斯的大型青铜币都蓬第的重量减轻至与阿斯一致。然而，为了让都蓬第仍然保持与阿斯 1:2 的兑换率且在流通时都蓬第不会被误认为是阿斯，在都蓬第的正面，皇帝头像戴着皇冠。与此同时，一些面值小、流通率低的硬币如"SEXTANS"（1/6 阿斯），"UNCIA"（1/12 阿斯）、"SEMUNCIA"（1/24 阿斯）及"QUARTUNCIA"（1/48 阿斯）停止发行，仅"QUADRANS"（1/4 阿斯，即夸德伦）（见图 2-8）被保留作为零钱使用。"TRIENS"（1/3 阿斯）也由于换算起来十分不便而不再发行。

注：该币于公元前 10 年打制于高卢，重 3.12 克。正面为奥古斯都头像，面朝右，币文 IMP CAESAR；背面为公牛向左顶角，币文 AVGVSTVS DIVI F。

图 2-8　屋大维单独统治时期的夸德伦

四、统治者肖像的出现

在罗马共和国时期，货币上的肖像为多神像。在罗马共和国晚期，庞培去世后，有人将其神化，其肖像开始出现在货币上。此后，公元前44年2月，凯撒也将自己的肖像印在货币上（见图2-9）。从此，在钱币上印制统治者的头像和讯息成为一种官方宣传方式。

注：该币打制于公元前44年，重3.92克。正面为凯撒头像，头戴头巾和桂冠，面朝右，币文 CAESAR - DICT IN PERPETVO；背面为维纳斯站像，面朝左，右手持胜利女神像，左手倚盾，盾牌位于神石上，币文 C MARIDIANVS。

图2-9　凯撒发行的狄纳里银币

公元前31年，屋大维在临近亚克兴的海域击败安东尼和埃及女王克利奥派特拉，从此成为罗马真正的独裁者。为了纪念此次胜利，他发行了背面印有胜利女神的钱币（见图2-10）。

注：该币打制于公元前31年，重4.41克。正面为张开的右手，币文 IMP CAESARI/SCARPVS IMP；背面为胜利女神站在宝球上方，面朝右，手持花环，棕榈枝位于左肩上方。

图2-10　屋大维在罗马共和国时代发行的狄纳里银币

公元前27年，屋大维被授予奥古斯都称号。他制造了大量正面印有其肖像的硬币，肖像四周刻着尊称和颂词。钱币背面印着神像或代表某种美德或概念的图像，比如罗马的神庙、凤凰鸟、胜利女神等（见图2-11）。

注：该币打制于公元前25—前23年，重3.88克。正面为奥古斯都头像，面朝右，币文 IMP CAESAR AVGVST；背面为圆形盾牌，靶心位于八角形内，上方短柄矛头朝右，下方一把弯曲的剑，币文 P·CARISIVS·LEG·PRO·PR。

图2-11　屋大维单独统治时期的狄纳里银币

这一时期，屋大维具有很大的影响力，因为很多地方政权也打制了印有其肖像的钱币。例如，亚美尼亚王国、欧尔巴王国、伊图利亚公国、色雷斯等地均打制过印有屋大维肖像的钱币。

第二节　戴克里先的货币改革

在戴克里先统治的公元284年至公元305年，罗马帝国开始踏上军事化和东方化的征程，并着手重新建立货币体系。不过，此时的帝国，无论在政治方面还是货币方面，都尚未达到新的稳定状态。

一、1世纪至3世纪的货币贬值

经过屋大维的货币改革，罗马帝国的官方货币体系建立起来了。然而，在实际运作中，随着时间的推移，却变得越发不稳定。一方面，长期动荡不安的国内局势和边境日耳曼诸部落的侵扰，使得帝国经济凋零，税源枯竭，财政收入入不敷出；另一方面，罗马与东方的贸易状况使得金银外流，货币短缺情况不断加重，不仅阻碍了商品经济的发展，还使得经济更加凋零。

最后，帝国不得不采取降低货币成色的办法攫取铸币税，以缓解财政危机。所以，屋大维去世后，在国家垄断货币生产的前提下，金币、银币和铜币都经历了持续减重的过程。具体来讲，根据卡森（2018）的研究，1 世纪至 3 世纪的货币发展经历了三个阶段。[①]

第一阶段为公元 63 年至公元 193 年。公元 63 年，尼禄进行了货币改革。改革后，金币奥里斯按照 1/45 罗马磅的重量标准打制，即 7.39 克，而不是奥古斯都时期的 1/40 罗马磅（见图 2 - 12）。不过，金币的纯度仍保持在 99% 以上。对于狄纳里银币，

注：①该币打制于公元 66 年至公元 67 年，重 7.36 克。正面为皇帝肖像，面朝右，币文 IMP NERO CAESAR - AVGVSTVS，背面为朱庇特坐在宝座上，面朝左，右手拿着雷电，左手拿着权杖，币文 IVPPITER - CVSTOS。

②该币图及后续章节关于罗马帝国和拜占庭帝国钱币的币图均来自 Wildwinds 货币资料库 https：//www.wildwinds.com。

图 2 - 12　尼禄统治时期的金币奥里斯

---

① ［英］罗伯特·卡森. 罗马帝国货币史［M］. 田园，译. 北京：法律出版社，2018：493 - 499.

其重量标准从 1/84 罗马磅降为 1/96 罗马磅，即 3.41 克，含银量降至 94% 左右（见图 2 – 13）。奎纳里银币似乎不再生产，但其在公元 1 世纪仍在流通，除了少许改变外一直存续于整个 2 世纪。进入 2 世纪后，银币加速减重，纯度也不断下降。公元 107 年，狄纳里的重量已降到 3.21 克，纯度降到 89%。到了马可·奥勒留时期，狄纳里的纯度降到 80%。在康茂德统治时期，狄纳里的纯度进一步降到了 75%。

注：该币打制于公元 67 年至公元 68 年，重 3.41 克。正面为皇帝头像，面朝右，币文 IMP NERO CAESAR AVG P P；背面为朱庇特坐像，右手拿着雷电，左手拿着权杖，币文 IVPPITER CVSTOS。

图 2 – 13　尼禄统治时期的银币狄纳里

第二阶段是公元 193 年至公元 215 年。公元 193 年，狄第乌斯·尤利安努斯将奥里斯的标准重量减为 1/48 罗马磅，即 6.82 克。银币则按照 2.94 克的标准打制。与此同时，他还减少了铜币的重量，发行了重量只有 21.2 克的塞斯特提。公元 215 年，卡拉卡拉进一步将奥里斯的重量标准降为 1/50 罗马磅，即 6.54 克（见图 2 – 14）。卡拉卡拉还发行了一种叫安敦尼的新银币（见图 2 – 15）。该币纯度只有 50%，平均重量为 5.11 克，可能价值 2 狄纳里。

第三阶段是公元 215 年至公元 294 年。在这一时期的最初 20 年，奥里斯是按照 1/50 罗马磅标准生产的金币，即重 6.54 克。公元 238 年，奥里斯的重量进一步下降至 4.86 克（见

注：该币打制于公元215年，重6.43克，直径20毫米。正面为皇帝胸像，向后看，面朝右，身披铠甲，币文 ANTONINVS PIVS AVG GERM；背面为太阳神索尔正面站像，向左看，披风绕过胸膛和左臂，左手持宝球，右手高举，币文 P M TR P XVIII COS IIII P P。

图2－14　卡拉卡拉时期的奥里斯金币

注：该币打制于公元215年，重4.82克。正面为胸像，头戴芒冠，身穿铠甲，币文 ANTONINVS PIVS AVG GERM；背面为太阳神索尔正面站像，向左看，披风绕过胸膛和左臂，左手持宝球，右手高举，币文 P M TR XVIII COS IIII P P。

图2－15　卡拉卡拉统治时期的安敦尼银币

图2－16）。在公元250年至公元260年，奥里斯的平均重量为3.6克，同时出现了一种正面为头戴太阳冠的肖像的金币，平均重量为5.75克。在公元260年至公元270年伽利埃努斯皇帝单独统治时期，太阳冠金币的重量减少至4.5克，此后便不再生产了。公元268年，奥里斯金币的重量重新上升至5.2克，此后一直维持在这个标准。奥勒良在公元270年首次发行的金币重

量为 5.45 克，其标准为 1/60 罗马磅。到了公元 280 年至公元
290 年卡鲁斯统治时期，奥里斯的平均重量只有 4.68 克，这意
味着其打制标准变为了 1/70 罗马磅。后来，这一标准又被提高
到 1/60。该标准从第一次四帝共治后期一直沿用到公元 294 年
戴克里先的货币改革。

注：该币打制于公元238年，重4.78克。正面为皇帝胸像，穿着胸甲，面朝
右，币文 IMP CAES M ANT GORDIANVS AVG；背面为胜利女神向左行走像，手持
花环和棕榈枝，币文 VICTORIA AVG。

图 2 - 16　戈尔迪安三世统治时期的奥里斯金币

　　至于银币，除了卡拉卡拉在公元 215 年发行过一次新银币
安敦尼之外，狄纳里在其剩余统治期仍是最主要的银币，这种
状况一直持续到公元 238 年。此后，狄纳里的发行数量不断减
少，奎纳里的发行频率也极低。至于安敦尼银币，在卡拉卡拉
之后，除了在马克里努斯和埃拉加巴努斯统治时期发行过之外，
曾于公元 219 年被弃用，直到公元 238 年才再次出现，但彼时重
量已被降为 4.75 克，纯度 40% 左右。此后，安敦尼代替狄纳里
成为标准银币。公元 265 年，安敦尼含银量已跌至 5% 甚至更
低。公元 270 年，奥勒良发行的安敦尼银币，纯度甚至低至
2.5%，平均重量只有 2.8 克（见图 2 - 17）。在这一纯度下，1
奥里斯相当于 800 安敦尼银币。

　　随着银币的贬值和通货膨胀的发生，塞斯特提、都蓬第及
阿斯三种铜币的购买力也持续下降。在公元 1 世纪，都蓬第是

注：该币重 2.98 克，直径 22 毫米。正面为皇帝胸像，头戴芒冠，穿着胸甲，面朝右，币文 IMP C AVRELIANVS AVG；背面为太阳神向左行走像，斗篷在身后飞扬，左手持神鞭，右手举起，币文 PACATOR ORBIS。

图 2 - 17　奥勒良统治时期的安敦尼银币

人们在日常生活中使用的主要零钱，但在 2 世纪，随着通货膨胀的到来，大面额的塞斯特提成为主要的零钱。在 3 世纪，三种铜币的重量严重下降。在 3 世纪 30 年代中期，塞斯特提的平均重量约 23 克，都蓬第和阿斯只有 11.5 克左右。到了 3 世纪 50 年代初，塞斯特提的重量进一步下降，平均只有 20.5 克，而后两种钱币则减少为 10 克。3 世纪 60 年代，最后一次大量发行这三种铜币，重量和尺寸进一步下降（见图 2 - 18）。

注：该币打制于公元 268 年，重 10.81 克，直径 27 毫米。正面为皇帝胸像，头戴塔楼状的王冠，币文 GENIVS PR；背面为标记 SC，位于花环内，上下方分别是币文 INT VRB。

图 2 - 18　伽利埃努斯统治时期的塞斯特提铜币

二、3 世纪的通货膨胀

在 3 世纪，狄纳里银币的实际价值已跌至 1 世纪的 0.5%。与货币贬值相伴而生的是通货膨胀。其中，粮食的价格水平是一个非常好的反映一般物价水平的指标。根据琼斯（1964）估算，在 2 世纪的君士坦丁堡，1 斗粮食价值 1/2 狄纳里银币或更少，到了公元 301 年，其价格已涨至 100 狄纳里。①

根据罗斯托夫采夫的叙述，在埃及，1 世纪至 2 世纪，小麦价格一直比较稳定，一般在每 10 阿塔巴②小麦价值 7~8 德拉克马。2 世纪末时，小麦价格上涨至 17~18 德拉克马。在 3 世纪上半叶，主要在 12~20 德拉克马之间波动。此后，货币不断贬值，通货膨胀加速。到公元 276 年，每阿塔巴小麦的价格涨至 200 德拉克马。到公元 314 年，又涨至 9000 德拉克马，公元 334 年又涨至 7.8 万德拉克马，之后甚至涨至 200 多万德拉克马。③

当货币发生贬值时，工商业从业者也相应地提高了商品和工资的价格。然而，食物价格的上涨远远快于工资的上涨，对于粮食生产者而言，这甚至使他们获益，然而对于纯粹依靠工资收入的人而言，则直接导致他们生活水平急剧下降。在埃及，公元 1 世纪至 2 世纪，一个成年的非熟练男工一个月的工资大约仅能购买 2~3 阿塔巴谷物。为了维持一家人的生活，人们还需要偶尔帮工，大多数人还会同时从事农业生产。到了 3 世纪上半叶，工人的月工资涨至 2.3~5 德拉克马，但由于谷物价格上涨的幅度更大，所以工人的生活条件变得更差了。

---

①   Jones, A. H. M. *The Later Roman Empire*, 284-602（*Vol.* 1）[M]. Norman：University of Oklahoma Press, 1964：27.

②   阿塔巴，埃及谷物度量单位，相当于 30 公升。

③   [美] 罗斯托夫采夫. 罗马帝国社会经济史 [M]. 马雍和厉以宁, 译. 北京：商务印书馆, 1986：648.

对于帝国政府而言，虽然关税、遗产税等从价税会随着物价的上涨而上涨，但其上涨的速度往往滞后于物价上涨的速度。所以，在高速通货膨胀时期，帝国的真实财政收入下降了。不得已之下，在士兵们的薪酬中，货币支付的占比越来越低，因为价格的上涨会使得士兵们的薪酬仅在一次购买中便被掠夺殆尽。

在 3 世纪的通货膨胀中，帝国的商品货币经济受到严重打击，投机活动异常猖獗。商人们不仅囤积成色好的货币，还囤积基本生活物资哄抬物价，使得这些物品的供应越发紧张，市场更加混乱。加之国内叛乱不止，对外战争不断，群众的怨愤情绪日益增长，最终导致帝国内部爆发了一场政治、经济等方面的全面危机。

三、货币改革的尝试

公元 284 年，戴克里先登上了皇帝宝座。在稳定国内局势后，于公元 294 年实行了货币改革，以重振货币信用和遏制通货膨胀。在改革前夕，银币已被战争逐渐消耗殆尽且几乎不含银，金币更是非常少见、濒临灭绝，只有一些铜币还在流通。为了稳定价格，增强人们对货币的信心，戴克里先发行了新的金币、银币和铜币。

在金币方面，最初，戴克里先以 1/70 罗马磅的标准打制了金币奥里斯，理论重量为 4.68 克。公元 301 年，他又发行了新的更高标准的金币"索利多"（SOLIDUS），以取代之前的奥里斯。新金币索利多重 1/60 罗马磅，约 5.4 克，用纯金制成，但发行量较少。部分造币厂还生产了价值 2 奥里斯的大个头金币和少量的奎纳里金币。

为了恢复银币的信用，戴克里先于公元 294 年铸造了新的高纯度银币阿根图（ARGENTEUS）（见图 2 - 19），以取代狄纳里银币。该币纯度为 90% 左右，理论重量是 1/96 罗马磅，即 3.41 克，实际重量约为 3.0～3.3 克，价值 1/24 奥里斯金币，其正面印着戴克里先月桂冠头像。公元 301 年，戴克里先进一步规定 1 阿根图银币可兑换 100 枚旧狄纳里银币或 25 枚安敦尼镀银铜币。

注：该币重 3.24 克。正面为皇帝头像，面朝右，币文 DIOCLETIANVS AVG；背面为四位帝王在塔楼拱门前三足祭坛祭祀，左侧有标记 A，下方是造币厂标记 ALE，币文 PROVIDENTAE AVGG。

图 2-19　戴克里先统治时期的阿根图银币

戴克里先在公元 294 年还引入了一种全新的银铜合金币或镀银青铜币努姆斯（NUMMUS），后被钱币学家描述为弗里斯（FOLLIS）。该币法定重量为 1/32 罗马磅，约 10.22 克，含银量为 4% 左右，币面印着头戴公民冠的肖像（见图 2-20）。由于旧安敦尼币的重量是 4 克，而该币和安敦尼币几乎是用相同的合金打制而成的，因此它价值 2.5 安敦尼或 10 狄纳里。后来，该币的含银量提高，与狄纳里的兑换比率也相应提高为 1:20。

除此之外，戴克里先还发行了两种小面值的铜币，其中一种印着头戴太阳冠的正面头像，理论重量为 1/110 罗马磅，实际重量约为 3 克，相当于 2 狄纳里；另一种印着头戴公民冠的正面头像，平均重量只有 1.30 克左右，相当于 1 狄纳里。然而，随着货币的不断贬值，较低价值的钱币很快便停止流通，并被其他新辅币所取代。

注：该币打制于公元308年，重9.8克，直径25毫米。正面为皇帝胸像，面朝右，身披帝王披风，手持橄榄枝和玛帕，币文 D N DIOCLETIANO FELICISSIMO SEN AVG；背面为远见女神站在右侧，右手拿着棕榈枝延伸至左侧站立的宁静女神，左手拿着权杖，造币厂标记 ANT，币文 PROVIDENTIA DEORVM QVIES AVG。

图 2-20　戴克里先统治时期的弗里斯铜币

四、最高限价法

戴克里先的货币改革并未起到预期的效果。由于没有充足的黄金和白银作为货币发行的价值保障，索利多和阿根图的产量很少。相比之下，劣质的银铜合金币发行数量庞大。高纯度金币和银币被投入流通领域后，很快因"劣币驱逐良币"法则被私藏。于是，货币仍在贬值，物价依旧上涨。最后，他不得不采用最高限价法来抑制通货膨胀。

我军所到之处，福泽万民，但也出现了毫无原则的贪婪，不仅乡村城市如此，连公路大道亦如是。结果粮食价格攀升何止4倍、8倍，甚至超过了所有物品的价格。我们的法律要把价格固定下来，限制这种贪得无厌。[①]

公元301年，戴克里先颁布了"限价法令"。在"限价法

---

① 巫宝三. 古代希腊、罗马经济思想资料选辑 [M]. 北京：商务印书馆，1990：364.

令"的前言中，他强调限价的目的是将价格稳定下来，防止人们因贪婪而哄抬粮食和其他物品的价格。法令没有考虑货币的不断贬值，仅详细地规定了数千种商品的价格。例如，1磅上等乳香的价格为100银币，1磅产自阿拉伯的番红花为2000银币，1磅肉桂为125银币。除了实物的价格，法令还详细规定了各种劳务的价格。

雇工工资的规定甚至详细到这种程度，如磨单面斧子每把多少钱，磨双面斧子每把多少钱，上等书法抄写每100行多少钱，普通抄写每100行多少钱。①

然而，这一法令过于简单粗暴了。要知道此时的罗马帝国是一个西及不列颠、东到伊拉克、北至莱茵河、南到撒哈拉沙漠的大帝国。在它的四境之内，既有高度发达的工商业大都市，又有相对落后的偏远地区，而且每个省份的生活成本都不一样。其中，埃及的生活成本最低，巴勒斯坦大概是埃及的2倍，而意大利大区则是巴勒斯坦的2倍。② 然而，戴克里先在颁布"限价法令"时，似乎忽略了这一差别，给罗马帝国全境设定了唯一一个标准物价水平。

这样做的后果是法令的实施在不同的地区带来了不同的效果。在埃及，由于当地的物价水平极少能达到法令规定的水平，所以"限价法令"对市场根本没有任何影响；但是在罗马，法令中规定的物价水平往往远远低于市场价格。由于法令异常严格，触犯法令的人将被处以死刑。所以，"限价法令"实施后，罗马的经济立即陷入萧条，正常的商业活动纷纷转入黑市，游离在监管体系之外。于是，君士坦丁上台后，便废除了该法令。

---

① 厉以宁. 罗马－拜占庭经济史［M］. 北京：商务印书馆，2015：296.
② ［美］詹姆斯·汤普逊. 中世纪经济社会史（上册）［M］. 耿淡如，译. 北京：商务印书馆，1997：50－51.

第三节　君士坦丁的货币改革

公元306年，随着君士坦丁在西部被军队拥立为奥古斯都，罗马帝国的币制开始发生变化。君士坦丁建立了新的货币体系。在该货币体系中，金币索利多、银币米拉伦斯和铜币弗里斯分别取代了罗马时代的金币奥里斯、银币狄纳里和铜币塞斯特提。

一、改革后的索利多金币

面对恶性通货膨胀的发生，戴克里先曾试图通过货币改革和价格管制等手段加以抑制，但最终效果不佳。直到君士坦丁大帝进行货币改革，发行了新的小面值金币索利多，才彻底扭转了这一局面。

公元306年，马克森提乌斯发动叛乱，杀死了塞维鲁，和君士坦丁一起成为西部实际的掌权者。公元312年，君士坦丁击败并杀死了马克森提乌斯，成为西部唯一的奥古斯都。君士坦丁在掌权之初，由于缺少资金，其治下的西部行省没有发行过奥里斯金币。直到公元310年，君士坦丁进行了货币改革，发行了新的索利多金币。新索利多的含金量为95.8%左右，标准重量为1/72罗马磅，理论重量为4.5克，低于戴克里先时期的1/60罗马磅（约5.4克）的标准。作为基本记账单位，1索利多价值6000努姆斯或狄纳里。该币是君士坦丁控制下的造币厂生产的主要金币。不过，在当时及此后的一段时期，奥里斯金币仍在继续生产，但主要用于纪念特殊事件。

李锡尼控制的造币厂所生产的主要金币是奥里斯。直到公元324年，李锡尼在克里索波利战争中失败后，君士坦丁成为帝国唯一的统治者。于是，后者主导的新币制也被推广到全国。从此，奥里斯金币被索利多金币永久地取代了。

除了一些零星的发行，金币的几次主要发行往往和特定的事件相关联，如公元324年至公元326年的发行是为了纪念君士坦丁执政20周年和内战中大败李锡尼，同时也正值君士坦丁的50寿辰（见图2-21）。公元330年的发行是为了纪念迁都君士坦丁堡，而公元334年至公元336年的发行则是为了纪念君士坦丁执政30周年（见图2-22）。

注：该币打制于公元324年至公元325年，重4.49克，直径19毫米。正面为皇帝头像，面朝右，头戴花冠，币文CONSTANTINVS P F AVG；背面为君士坦丁骑马像，面朝左，右手举起，左手拿着权杖，币文AOVENTVS AVGVSTI N，边缘印着造币厂标记AMAN＊（安条克）。

图2-21　君士坦丁统治时期的索利多金币

注：该币打制于公元335年至公元336年，重4.45克，直径22毫米。正面为皇帝头像，面朝右，头戴花冠，币文CONSTANTINVS MAX AVG；背面为胜利女神站像，面朝左，手持战利品和棕榈枝，币文VOT XXX，边缘印着造币厂标记SMAN。

图2-22　君士坦丁统治时期的索利多金币

自君士坦丁货币改革后，新的索利多金币被广泛用于流通、储备、税收、纳贡、官员们的工资支付和国际贸易。在其长达 700 年的发行历史中，一直维持着足值，不仅可以看做是拜占庭帝国的标准货币，也是整个地中海经济圈最具信誉的国际货币。

除了索利多金币，君士坦丁还发行了两种小面额金币作为辅币，分别是重量和价值为索利多的一半的塞米斯和重量和价值为索利多的 1/3 的特里米斯，其中后者的直径为 14 毫米左右，约重 1.45 克。除此之外，帝国还发行了索利多的倍数币。

二、新银币米拉伦斯

关于银币，帝国东部的造币厂在公元 310 年之后便不再生产阿根图银币，到公元 313 年阿根图已经停止使用。相比之下，在一些西部造币厂，阿根图银币的生产一直持续至公元 324 年。

公元 324 年，君士坦丁大败李锡尼。此后，他推出了两种高纯度的银币作为主要银币。它们分别是以 1/72 罗马磅为标准生产的重 4.51 克的米拉伦斯（MILIARENSIS）（见图 2 - 23）和以 1/96 罗马磅为标准生产的重 3.41 克的西力克币（SIL-

注：该币打制于公元 330 年至公元 335 年，重 4.19 克，直径 24 毫米，造币厂君士坦丁堡。正面为皇帝穿着铠甲的胸像，面朝右，头戴玫瑰形花冠，币文 CONSTANTINVS MAX AVG；背面为四杆军旗，币文 CONSTANTINVS AVG，边缘印着造币厂标记 CONS。

图 2 - 23　君士坦丁统治时期的米拉伦斯银币

IQUAE）。金币、银币和铜币之间的兑换比率是 1 索利多金币价值 18 米拉伦斯银币或 24 西力克银币，而 1 米拉伦斯银币价值 1000 努姆斯铜币。

在君士坦丁时期，米拉伦斯的发行数量相对较少。不过，在公元 720 年，利奥三世为了取代希拉克略王朝时期的赫克格拉姆银币（HEXAGRAM），重新引入了冠以该名的银币，理论重量为 1/144 罗马磅，即 2.27 克，与索利多的兑换比率为12:1。不过，这仅是其名义上的价值，实际含银量要小很多。与先前所有的拜占庭货币相比，其币坯甚是单薄，最初作为纪念币发行，但因在使用过程中不断被用来满足经济需要，时而久之，就演变成一种流通货币。

相对而言，西力克银币的发行数量更多。它是罗马帝国晚期和拜占庭帝国早期的常见银币，也是一种记账单位。君士坦丁不仅发行过单位西力克币，还发行过其分数币（见图 2 - 24）和倍数币。君士坦丁去世后，该币经历了持续减重，至公元 355 年前后，西力克银币的重量已下降到 1/144 罗马磅，即 2.72 克，与最初发行相比，下降了将近 0.7 克。

注：公元 330 年，帝国启用新都君士坦丁堡。为了纪念这一事件，发行了大量的金币和银币，其中包括 1/3 西力克银币。该币打制于公元 330 年，重 1.17 克，造币厂君士坦丁堡。正面为身穿披风的女性胸像，头戴王冠，面朝右，戴着双层珍珠项链；背面为大个头标记 K。

图 2 - 24　君士坦丁统治时期的 1/3 西力克银币

三、铜币的贬值

在君士坦丁统治时期，与纯度和重量相对稳定的金币相比，镀银铜币的重量和含银量经历了持续下降。关于这一点，无论从君士坦丁成为唯一统治者之前西部伦敦造币厂生产的铜币的重量变化，还是从其成为唯一统治者之后东部造币厂生产的铜币的重量变化，都可以看出这一趋势的发展。

公元306年，君士坦丁在不列颠被军队拥立为奥古斯都。此后，一路向西征伐，于公元312年大败马克森提乌斯后，进入罗马城。公元325年，又击败李锡尼成为罗马帝国唯一的统治者。所以，伦敦造币厂的生产活动一直持续到公元325年，此后该造币厂关闭。

公元307年，君士坦丁开始在伦敦造币厂打制镀银铜币弗里斯，其生产标准从戴克里先时期的法定重量1/32罗马磅，约10.22克，含银量4%左右，下降为1/48罗马磅，约6.5克，含银量不足2%。在公元310年至公元312年，其重量逐步下降到4.2克左右（见图2-25），到公元316年进一步下降到3.3克左右（见图2-26），到公元320年时已下降至2.2克左右（见图2-27）。

注：该币打制于公元310年至公元312年，重4.16克，直径23毫米，伦敦造币厂。正面为身穿披风戴着头盔的胸像，面朝左，手持长矛和盾牌，币文CON-STANTINVS P AVG；背面为太阳神站像，面朝左，身穿斗篷，手持长鞭和宝球，右侧底板上有一颗星形图案，币文COMITI AVG NN，造币厂标记PLN。

图2-25　君士坦丁时期的弗里斯铜币

注：该币打制于公元316年，重3.30克，直径20.8毫米，伦敦造币厂。正面为身穿披风的胸像，面朝右，币文 CONSTANTINVS P AVG；背面为太阳神站像，面朝左，身穿斗篷，左手持宝球，右手举起，币文 SOLI INVIC – TO COMITI，造币厂标记 MSL。

图 2 – 26　君士坦丁时期的弗里斯铜币

注：该币打制于公元319年至公元320年，重2.22克，直径19.5毫米，伦敦造币厂。正面为身穿披风的胸像，面朝左，肩膀上扛着长矛，币文 IMP CONSTANT – INVS AVG；背面为胜利女神双人站像，两人手持花环置于祭坛上方，花环边缘有标记 VOT PR，币文 VICTORIAE LAETAE PRINC PERP，造币厂标记 PLN。

图 2 – 27　君士坦丁时期的弗里斯铜币

　　其实，在同一时期，其他奥古斯都控制下的造币厂生产的铜币也经历了不断贬值。在帝国东部，弗里斯曾一度停止发行，直到公元308年才恢复发行。公元313年，李锡尼控制了东部造币厂，发行了与西部相同的重量为1/48罗马磅，含银量不足2%（折合4斯克鲁普尔银）的镀银铜币。

公元 316 年至公元 317 年，君士坦丁与李锡尼进行了第一次战争。战后，君士坦丁占领了巴尔干的造币厂。为了与李锡尼的镀银铜币相竞争，他将铜币的含银量一度提高为每罗马磅 6 斯克鲁普尔银。不过，这一状况并没有持续很久，镀银铜币的重量和含银量很快便又下降了。公元 330 年，弗里斯的重量下降至 1/120 罗马磅，纯度下降到每罗马磅 3 斯克鲁普尔银。公元 335 年，它的重量进一步下降至 1/173 罗马磅（见图 2 - 28）。在公元 337 年君士坦丁去世时，弗里斯铜币的重量已下降至 1/192 罗马磅，即 1. 7 克，不仅个头变得很小了，且几乎不含银。①

注：该币打制于公元 330 年至公元 335 年，重 1. 88 克，直径 20 毫米，安条克造币厂。正面为身穿披风的胸像，头戴王冠，面朝右，币文 ONSTANTI NVS MAX AVG；背面为两名士兵站两杆军旗两侧，各自一只手持长矛，一只手倚在盾牌上，币文 SMANG。

图 2 - 28　君士坦丁时期的弗里斯铜币

四、货币上的皇室成员

在君士坦丁大帝发行的钱币上，除了印有君士坦丁的肖像之外，其子克里斯普斯、君士坦丁二世、君士坦提乌斯二世和

① ［英］罗伯特·卡森. 罗马帝国货币史 ［M］. 田园，译. 北京：法律出版社，2018：504 - 506.

君士坦斯一世，以及母亲海伦娜、妻子福斯塔和妹妹君士坦提娅都曾出现过。

其中，克里斯普斯是君士坦丁与前妻密涅瓦所生之子，也是他最年长的儿子。公元317年，17岁的克里斯普斯被提拔为凯撒，负责掌管高卢各行省。他是一名优秀的将领，曾率领军队在高卢击退了法兰克人和阿勒曼尼人的入侵，并在公元324年率领君士坦丁的舰队在海战中击败了东部皇帝李锡尼的海军，为君士坦丁统一罗马帝国立下了战功。所以，君士坦丁为克里斯普斯发行了钱币（见图2－29）。然而，不幸的是，在公元326年他因继母福斯塔的诬陷而被处死。自此之后，以克里斯普斯的肖像打制的钱币停止发行。

注：该币打制于公元326年，塞尔曼造币厂。正面为克里斯普斯胸像，头戴王冠，面朝左，右手持长矛指向前方，左臂持盾，币文 FL IVL CRIS － PVS NOB CAES；背面为带着翅膀的胜利女神坐像，手持盾，盾上印着标记 VOT/X，币文 VICTORIA CRISPI CAES。

图2－29　君士坦丁统治时期的索利多金币

君士坦丁的第二任妻子福斯塔生了三个儿子，其中君士坦丁二世是大哥，生于公元317年。在其刚出生时，便和大哥克里斯普斯一起被册封为凯撒，长大后主要负责掌管西班牙、高卢和不列颠地区。次子君士坦提乌斯二世，于公元324年12月25日被册封为凯撒，负责统治小亚细亚、叙利亚和埃及。三子君士坦斯一世在公元333年被册封为凯撒，负责统治意大利半岛、北非、巴尔干半岛和首都。除此之外，公元335年，君士坦丁还将侄子德尔玛提乌斯任命为凯撒，负责统治亚美尼亚等地。在君士坦丁去世前，他们的头像都曾出现在钱币上（见图2-30和图2-31）。

注：该币是1.5倍索利多金币，打制于公元326年，重6.47克，安条克造币厂。正面为君士坦丁身穿铠甲胸像，头戴王冠，面朝左，左手持宝球，右手举起，币文 D N CONSTANTINVS MAX AVG；背面为君士坦丁二世和君士坦提乌斯二世面对面胸像，两人均头戴王冠，一手持有鹰杖，一手持有宝球，币文 CONSTANTINVS ET CONSTANTIVS NOBB CAESS，造币厂标记 SMAN。

图2-30　君士坦丁统治时期的索利多倍数币

注：该币打制于公元335年至公元337年，重2.64克，安条克造币厂。正面为德尔玛提乌斯身穿铠甲胸像，头戴王冠，面朝右，币文 FL DELMA - TIVS NOB C；背面为两位士兵手持军旗，币文 GLORIA EXERCITVS，造币厂标记 SMANI。

图2-31　君士坦丁时期的弗里斯铜币

君士坦丁还为母亲海伦娜、妻子福斯塔和妹妹君士坦提娅打制过钱币。据说，君士坦丁的亲生母亲海伦娜出身卑微，曾是一家小旅店的女仆。其父亲君士坦提乌斯在公元293年被西部皇帝马克西米安任命为凯撒后，便离弃了母亲海伦娜，转身娶了马克西米安之女狄奥多拉。公元324年，君士坦丁掌权后便授予其母亲"高贵的女性和奥古斯塔"的称号，并以其名义发行了铜币（见图2-32）。

注：该币打制于公元318年至公元319年，重2.87克，帖撒罗尼迦造币厂。正面为海伦娜胸像，面朝右，币文 HELE - NA N F；背面为置于花环中央的八角星，造币厂标记TSA。

图2-32　君士坦丁时期的弗里斯铜币

福斯塔是君士坦丁大帝的第二任妻子，也是前皇帝马克西米的女儿。公元324年11月，她也获得了"奥古斯塔"这一称号。然而，后来福斯塔因参与了大皇子克里斯普斯被诬陷一案，于公元326年被皇帝赐死。所以，她的肖像仅在公元324年至公元326年期间，出现在钱币上。

君士坦提娅是君士坦丁大帝同父异母的妹妹。在公元313年，君士坦丁将其嫁给了当时的另一位皇帝李锡尼。两位皇帝以此为契机展开了会晤，并颁布了米兰敕令。然而，公元324年，君士坦丁大败李锡尼，并将其与其子处死。此后，君士坦提娅一直生活在哥哥的宫廷里，没有再嫁。公元326年，君士坦丁为君士坦提娅打制了一种十分罕见的钱币。

第四节　阿纳斯塔修斯一世的货币改革

4世纪至5世纪，与相对稳定的金币相比，铜币和银币在价值和重量方面经历了一系列的变化。5世纪末，银币几乎在人们的生活中消失了，而铜币则由于币值不稳定，也难以用于日常交易。直到公元491年，阿纳斯塔修斯一世登上皇位，先后两次进行货币改革，从此正式开启了拜占庭货币发展的新纪元。

一、废除金银税

公元491年，拜占庭帝国皇帝芝诺去世，时年61岁的阿纳斯塔修斯一世在元老院和军队的支持下，迎娶了芝诺遗孀，前皇后阿里阿德涅，从而名正言顺地登上了皇位。即位之初，帝国内部并不太平，尤其是芝诺的同乡和弟弟，对阿纳斯塔修斯一世的忽登高位甚为不满并发动了叛乱。在帝国边境，萨珊波斯、匈奴人、斯拉夫人、保加尔人也时不时地侵入拜占庭进行劫掠。无论是平定内乱，还是保卫边境，都需要军队和财政的支持。

然而，在前面两位皇帝在位时，持续的军事征伐已导致巨大的财政消耗。芝诺本人更是花钱大手大脚，不仅对支持者非常慷慨，还曾花费巨资收买东哥特狄奥多里克支持其出兵意大利半岛。所以，到阿纳斯塔修斯继承皇位时，帝国国库已近空虚，经济处于崩溃的边缘。高卢谚语云，"无武器无和平，无金钱无武器，无税收无金钱。"所以，恢复经济增长，增加国家税收，成为了阿纳斯塔修斯一世的重要任务。

要恢复经济增长就必须发展城市工商业，而发展城市工商业就必须降低税率。此前，帝国盛行一种对所有工商业者征收的税，名叫"金银税"，其征税对象包括工匠、放贷者、渔民、商人等各种涉及货币支付的小商小贩，仅教师、医生、自产自销的农民和教会阶层等特殊人群可被豁免。该税始于君士坦丁一世，大约于公元 325 年推出，最初使用金与银支付，每五年征收一次，故也称"五年金"。在瓦伦提尼安和瓦伦斯统治时期，改为仅用黄金支付，且每四年征收一次。该税税额沉重，严重阻碍了帝国工商业的发展。

　　每隔四年，当征税的时间到来之时，满城除了哀鸿遍野，怨声载道之外就再也听不到别的声音了。征税之时，如有人因身陷赤贫而无法缴纳税款，那等待他们的就只有鞭笞和拷打之难了。①

　　为了促进工商业的发展，阿纳斯塔修斯一世决心废除金银税。然而，这一想法遭到了财政部门的反对，因为它会导致帝国财政收入的下降。最后，阿纳斯塔修斯一世从皇家私库中拿出部分资财以弥补因废除金银税而导致的财政收入的损失，将之作为"个人礼物"送给了帝国百姓。于是，公元 498 年，已盛行近 200 年的金银税走向了终结。政令一出，举国上下欢欣鼓舞。在埃德萨城，庆祝活动持续了一周，人们还将减税的这一天定为纪念日，准备每年庆祝一次，要知道在过去该城平均每四年需缴纳 140 磅黄金。② 从此，城市工商业发展了，税源增加了，从而税收总额增加了。

　　在阿纳斯塔修斯一世的统治后期，他继续着手减少土地税，尤其是其中针对动物和人征收的"人头税"。这项税收对拥有少量土地的贫苦农民而言，是一项沉重的负担。公元 513 年，他

① ［东罗马］左西莫斯. 罗马新史［M］. 谢品巍，译. 上海：上海人民出版社，2013：59.

② Jones, A. H. M. Roman Economy: Studies in Ancient Economic and Administrative History［M］. Oxford: Blackwell, 1974: 36.

将亚细亚和本都教区的人头税减少了1/4。他本可以继续实施减税计划，但他的死亡阻止了他。

公元518年，年迈的阿纳斯塔修斯一世去世了。在轻徭薄赋的政策下，帝国经济迎来复苏，财政状况也大大改善了，这为他实施货币改革奠定了经济基础。在阿纳斯塔修斯在位的27年间，曾参与过三次战争，但在他逝世时，拜占庭的国库仍盈余32万磅黄金。

二、改革前的货币体系

公元395年，罗马皇帝狄奥多西一世去世，帝国在他的两个儿子阿卡迪乌斯和霍诺里乌斯之间被一分为二。从此，罗马帝国正式分裂为东罗马帝国和西罗马帝国。其中东罗马帝国又被后人称为拜占庭帝国，以君士坦丁堡为首都。到了5世纪，原帝国东部的行省仍由君士坦丁堡的皇帝们统治着；而西部各省的大部分地区则被日耳曼诸部落占领了。

作为罗马帝国的延续，拜占庭在很多方面继承了罗马帝国的特质。然而，在5世纪时，政治、经济危机接连不断，这使得4世纪君士坦丁改革后的货币体系在拜占庭残存无几。在5世纪末，银币在日常生活中已被弃用。对于铜币，亦只剩下弗里斯的最小面额的辅币，即比小拇指的指甲盖还小的努姆斯仍在使用。这些铜币数量庞大，打制粗糙且价值低廉。不过，金币幸存了下来，被人们一如既往地使用着。当时常用的金币包括索利多和特里米斯（见图2－33）。其中，索利多金币的理论重量仍维持在君士坦丁时期制定的标准，即1/72罗马磅，折合4.5克（见图2－34）。特里米斯金币在狄奥多西一世统治时期，由原来的重9西力克降为8西力克，成为名副其实的价值1/3索利多的金币。

在这个残存的货币体系中，对于仅存的金币和铜币，其流

注：该币打制于公元 388 年至公元 393 年，重 1.36 克，君士坦丁堡造币厂。正面为狄奥多西一世胸像，面朝右，币文 D N THEODO – SIVS P F AVG；背面为胜利女神向右行走像，手持花环和十字宝球，币文 VICTORIA AVGVSTORVM。

图 2-33　狄奥多西一世时期的特里米斯金币

注：该币打制于公元 476 年至公元 491 年，重 4.45 克，君士坦丁堡造币厂。正面为狄奥多西一世正面胸像，戴着头盔，右肩扛长矛，币文 DN ZENO PERP AVG；背面为胜利女神站像，面朝左，手持长十字架，底板上有星形，币文 VIC-TORIA AVGGT，造币厂标记 CONOB，分币厂标记 Θ。

图 2-34　芝诺统治时期的索利多金币

通状况也非常糟糕。铜币在整个期间不断贬值，导致它与金币之间的兑换比率剧烈波动，最终使整个货币体系走向崩溃。公元 396 年，铜币努姆斯与金币索利多的兑换比率是 1∶5400。公元 445 年，这一比率上升至 1∶7200。在利奥一世时期，铜币的重量被削减了一半，使得二者之间的兑换比率上升为 1∶14400。在芝诺统治时期，由于公元 468 年远征汪达尔大败，帝国财政陷入绝境，铜币进一步贬值，到公元498年阿纳斯塔修斯一世货币改革前夕，已跌至1∶16800。这时的铜币，重量不足0.6克，甚至低至0.2克。①

简而言之，在5世纪末，经济生活中充斥着大量价值低廉的劣质铜币，由于不存在面值位于金币和铜币之间的钱币来便利兑换和使用，而铜币和金币之间的兑换比率又不断下降，百姓生活受到严重影响，因此，货币改革迫在眉睫。

三、第一次货币改革

皇帝阿纳斯塔修斯打制了一种印着价值标记的钱币。这种货币被罗马人称为"特朗斯"（teronces），被希腊人称为"弗里斯"（follares）。它深受百姓欢迎。②

公元498年，阿纳斯塔修斯任命约翰·帕非拉葛尼安为"圣库伯爵"，负责主持货币改革。约翰将正在流通的小面额铜币改造为弗里斯，并使之流通全国。这次货币改革的主要对象是铜币。约翰引入了价值40努姆斯的大型青铜币弗里斯（见图2-35）。该币实际重量约9克，大概相当于1/36罗马磅，与金币索利多的兑换比率为1∶420。此外，他还发行了一系列辅币，包括价值20努姆斯的1/2弗里斯铜币（见图2-36），重4.5克；价值10努姆斯的1/4弗里斯铜币，重2.25克。

与罗马帝国一直使用的以月桂、神像等为主题的币图不同，这些新铜币的背面币图是由希腊数字表示的价值标记构成的。其中，弗里斯的币图是大个头字母"M"，代表40努姆斯；1/2

①　Laiou，A. E. *The Economic History of Byzantium from the Seventh through the Fifteenth Century* [M]. Dumbarton Oaks，2002：214.

②　Croke，B. *The Chronicle of Marcellinus：A Translation with Commentary* [M]. Sydney：Australian Association for Byzantine Studies，1995：32.

注：该币打制于公元498年至公元507年，重8.47克。钱币正面是帝王胸像，币文 DN ANASTASIVS P P AVG；背面印着价值标记"M"，代表40努姆斯，标记上方有一十字架，下方有标记 CON（君士坦丁堡）。

图2-35　阿纳斯塔修斯统治时期的弗里斯铜币

注：该币打制于公元498年至公元507年。钱币正面是帝王胸像，币文（DN）AN（AST）ASIVS PP AVG；背面印着价值标记"K"，代表20努姆斯，标记左侧有一长十字架，上方和下方各有一颗芒星，右侧有标记 A。

图2-36　阿纳斯塔修斯统治时期的1/2弗里斯铜币

弗里斯的价值标记是"K"，代表20努姆斯；1/4弗里斯的价值标记为"I"，代表10努姆斯。这些由希腊数字构成的币图的启用，不仅代表着拜占庭特有的货币样式，还标志着拜占庭货币希腊化的开始。此后，阿纳斯塔修斯统治时期的重型弗里斯铜币及其辅币，仍流通了百年有余。

在阿纳斯塔修斯进行货币改革的过程中，单位努姆斯铜币并没有完全消失（见图2-37）。事实上，它们的发行一直持续到优士丁尼统治时期（公元 527 年至公元 565 年）[①]。然而，相对于新币，原来的旧铜币在市面上流通时，其价值仅为面额的一半。

注：该币打制于公元 491 年至公元 512 年，重 0.79 克。钱币正面是帝王胸像，币文 DN A - NAS；背面印着阿纳斯塔修斯的花押，位于圆圈内。

图 2 - 37　阿纳斯塔修斯统治时期的努姆斯铜币

在这次货币改革中，金币和银币的重量标准和面额均没有发生变化。金币索利多、塞米斯和特里米斯仍像以前一样铸造和自由流通。可以说，经过戴克里先、君士坦丁和狄奥多西等皇帝的努力，到拜占庭早期，帝国已经拥有了价值稳定的贵金属货币索利多，然而却缺乏价值稳定的贱金属货币作为辅币。所以，阿纳斯塔修斯推出重型弗里斯铜币填补了这一空白。

四、第二次货币改革

经过公元 498 年第一次货币改革，铜币相对金币的快速贬值在短期内得到遏制，然而，在长期中，铜币的价值仍然在下降。公元 512 年，索利多金币与弗里斯铜币之间的兑换比率已从最初的 1∶420 降至 1∶710。于是，为了稳定货币流通，阿纳斯塔修斯一世在安条克开设了新的造币厂，并进行了第二次货币

---

① Hendy, M. F. *Studies in the Byzantine Monetary Economy c.* 300 - 1450 [M]. Cambridge：Cambridge University Press, 1985：165 - 167.

改革。

在这次改革中，他将弗里斯、1/2 弗里斯和 1/4 弗里斯的重量加倍，故分别重 18 克、9 克和 4.25 克（见图 2-38）。此外，他还新发行了价值 5 努姆斯的 1/8 弗里斯铜币，重 2.25 克，背面价值标记为"E"（见图 2-39）。随着重量的变化，重型弗里斯与索利多的法定兑换标准重新调整为 1:210。早期发行的轻型弗里斯铜币并没有被收回，大概按照新铜币的名义价值的一半继续流通着。

注：该币打制于公元 512 年至公元 518 年，重 17.18 克。钱币正面是帝王胸像，币文 DN ANASTASIVS PP AVG；背面印着价值标记"M"，代表 40 努姆斯，标记上方、左方和右方皆有一十字架，下方有标记 ANTX，分币厂标记 A。

图 2-38   阿纳斯塔修斯统治时期的弗里斯铜币

注：该币打制于公元 512 年至公元 518 年，直径 12~17 毫米，君士坦丁堡造币厂打制。钱币正面是帝王胸像，币文 DN ANASTASIVS PP AVG；背面印着价值标记"E"，代表 5 努姆斯，右侧有分币厂标记△，无造币厂标记。

图 2-39   阿纳斯塔修斯统治时期的 1/8 弗里斯铜币

起初，铜币块头的增加可能伴随着新的背面币图的启用，因为有一些极为罕见的铜币，底板上不仅印有价值标记"M""K"或"I"，还印着君士坦丁堡女神坐像。不过，很显然，人们对该币图并不满意，因为后来的钱币又重新使用了单一的价值标志。有一些价值 5 努姆斯的 1/8 弗里斯铜币是例外。在这些小铜币的反面，大个头基督符占据了大部分底板，价值标志"E"居于从属地位。

直到公元 539 年优士丁尼的货币改革，这期间，铜币的外观除了尺寸有所变化，其他方面都始终如一。关于尺寸的变化，最初重型弗里斯铜币的直径约 35 毫米。在实践过程中，人们发现其个头过大，使用不方便，所以在重量保持不变的前提下，它的直径很快减小到约 30 毫米。关于币图，一般来说，君士坦丁堡造币厂生产的铜币，除了 1/8 弗里斯铜币，其余铜币系列正面币图都是侧面胸像，背面币图基本都是价值标记。在弗里斯铜币和 1/4 弗里斯铜币上，价值标志一般与造币厂标记"CON"相伴出现。而 1/2 弗里斯铜币没有造币厂标志，1/8 弗里斯铜币偶尔会使用造币厂标志。在阿纳斯塔修斯最早发行的弗里斯铜币上，没有造币厂分厂标记。然而，不久之后，分币厂标记"A－ε"（即 1－5）便被引入，且很快被普遍使用。此外，其他辅助标记，诸如十字架、星形、弯月和小球等，也常伴随着价值标记出现。

从货币角度看，阿纳斯塔修斯时期可以看做拜占庭货币史的起点。无论是阿纳斯塔修斯继承而来的索利多金币，还是他创造的弗里斯铜币，都是非常典型的拜占庭造币种类。然而，此时的造币，虽然印着皇帝肖像，且其代表的意义与将来的一样，但宗教图像及其象征意义却尚未萌芽。

第三章　优士丁尼王朝货币体系的建立

优士丁尼的统治代表着一个时代。除了开疆拓土、编纂法典和从事建筑活动外，优士丁尼统治时期的拜占庭还曾是地中海盆地的经济动力，其货币更是当时的国际标准交换媒介，不仅广泛流通于帝国征服的地域，在北非、伊比利亚半岛、意大利半岛等周边地区还出现了大量仿币。

第一节　货币的发行

一、黄金的来源

在整个环地中海地区，金属矿藏资源虽分布广泛但并不均匀。其中，金矿主要分布在西班牙、埃及、苏丹南部的原努比亚①、古国吕底亚②和亚美尼亚一带。此外，在巴尔干半岛上也分布着零星的金矿。

---

① 努比亚王国于公元320年灭亡，今天的苏丹北部同古拉地区一直存在某些努比亚部落。公元400年，努比亚地区出现了其他一些王国，尽管王国的统治时间和名称都不一样，但是统治者依然是居住在苏丹北部的同古拉人，其文明的因素和血统的延续得以传承。

② 吕底亚是小亚细亚中西部一古国（公元前1200年至公元前546年），濒临爱琴海，位于当代土耳其的西北部。该地土壤肥沃，赫穆斯河及其支流含有大量的沙金，使吕底亚拥有丰富黄金储备，成为了世界上最早铸造贵重金属货币的政权。

从金矿的分布可以看出，罗马在共和国时期并不是一个黄金富足的国家，其标准货币是铜币阿斯。然而，随着其相继征服迦太基、马其顿、塞琉古和托勒密这些东方大国，成为跨欧、亚、非三大洲的大帝国，大量的白银和黄金流入罗马，进而推动了银币和金币的发行。

其中，第一次布匿战争的胜利，使得罗马从迦太基人那里获得了 23000 塔兰特白银的巨额赔款。于是，从公元前 268 年开始，罗马人参照古希腊的德拉克马银币铸造了自己的银币狄纳里，重约 4.5 克，即大约 1/72 罗马磅。狄纳里的意思是"十"，表示其相当于 10 个阿斯的价值。此外，还有一种小额白银辅币塞斯特提和狄纳里一起出现，价值 2.5 个阿斯，相当于 1/4 狄纳里。

在第二次布匿战争中，罗马不仅获得了巨额战争赔款，还夺取了西班牙，并在此地发现了一个巨型金矿。从公元前 1 世纪至公元 1 世纪，西班牙成为罗马最重要的矿产供应地。罗马金币被称做"奥里斯"，意思就是"黄金"。凯撒被认为是第一个大规模铸造这种金币的人。这些金币经历朝代更迭，不断地变换着主人，不断地被重铸。

在 3 世纪危机中，罗马帝国陷入全面衰退，商品经济无法维持，成色好的货币被贮藏起来，大量黄金离开流通领域，威胁着拜占庭金币的币材储备。戴克里先为了铸造新金币，不得不用较低的价格强制在城市中收购黄金。[1] 此后，君士坦丁为了获得黄金，不仅从其击败的对手那里缴获大量财产，还命令东罗马的异教宗教场所将财产充公。[2] 此外，他还针对贵族和商人额外征收了用金银缴纳的元老奉献税和金银税。

① Jones, A. H. M. *The Later Roman Empire*, 284 – 602 (*Vol.1*) [M]. Norman: University of Oklahoma Press, 1964: 107.

② Hendy, M. F. *Studies in the Byzantine Monetary Economy c.* 300 – 1450 [M]. Cambridge: Cambridge University Press, 1985: 284.

6世纪，优士丁尼从汪达尔人手中重新夺回北非，从哥特人手中夺回意大利半岛的大部分地区，甚至恢复了对西班牙南部的统治。这些军事战争的胜利使优士丁尼满载黄金而归。然而，在优士丁尼统治时期，黄金消耗也是巨大的。为了维持战争、建筑活动和金币的铸造，他需要更多的黄金。此时的拜占庭距离曾经的黄金产地古国吕底亚的位置很近，然而经过波斯帝国、亚历山大帝国和罗马帝国数百年的掠夺后，那里的黄金已经所剩无几。亚美尼亚的金矿和巴尔干的银矿能为拜占庭提供的贵金属数量也非常有限。在王朝后期，诺里库姆和潘诺尼亚地区采矿权的丧失，使拜占庭不得不加大对分布在伊利里库姆河和色雷斯河地区的金矿的开采。最后，为了保证市场上每年都有新币流通，拜占庭将目光放在了埃及和苏丹南部的努比亚金矿。在一个较短的时期内，努比亚便成为拜占庭重要的黄金供给来源。

公元7世纪，阿拉伯帝国崛起，并与努比亚人建立了友好的关系，这使拜占庭逐渐失去这一重要的黄金源泉。此后的拜占庭帝国，不得不将寻找黄金的目光聚焦在自身特有的地理优势上。由于君士坦丁堡地处欧亚大陆的黄金地段，西方的欧洲与南方的阿拉伯世界在此交汇。它既是贸易的起点和终点，更是贸易的中转站。于是，繁荣的贸易和商业成为充实帝国金库的重要来源，保障了拜占庭金币的重量和纯度。

二、铸币的生产与管理

在罗马早期，存在一种竞争性的货币发行机制，不仅各个地区可自行铸造货币，私人也可以铸造货币。所以，那时的铜币不仅样式粗鄙不堪，而且图案形制各异。与早期罗马不同，在拜占庭帝国，货币的发行权并没有下放给地方政府。虽然在12世纪以后，私人部门有部分钱币的铸造权，但整体而言，帝国的铸币权集中于以皇权为中心的官办造币厂手中。

这些造币厂按帝国的指令性计划进行生产，铸币材料由矿区提供，所用燃料由造币厂附近的地主供应。帝国境内的金银矿区大部分由国家经营。即便个别为私人所有，其矿主也需按国家规定每年缴纳贡金，而且缴纳贡金后剩余的金银还需出售给国家，由国家付给他们铜币。因此，政府能够在一定程度上控制货币的供应量。虽然不是全部，但至少能够控制新币的发行数量、金属含量和币值。

这一体系最早可追溯至戴克里先时期。戴克里先改革了造币厂的机构设置和管理。他以大区为单位增设造币厂，使得每个造币厂负责向其所在教区供应所需货币。这一做法在很大程度上，是帝国东部省份停止打制地方半自治造币的结果。由于帝国幅员辽阔，在实践中很难真正实现造币的集中制造，故而不得不在各地设立诸多皇家造币厂，以填补许多不复存在的地方造币厂造成的空缺。

皇帝会委派财政部的最高官员圣库伯爵掌管全国货币的发行和流通。圣库伯爵向大区派遣圣库监察使，后者负责管理所在区域的钱币生产。圣库监察使在钱币生产的每个环节指派技术熟练的工头指导生产，并派遣专门的监察官监督生产。造币厂的工人是世袭劳动者，不得随意改行，也没有人身自由，只有经皇帝或圣库伯爵的允许，才可以离开工厂，但不能带走家眷和财产。尼古拉斯·梅萨里特斯描述了工人在帝国造币厂的工作情况：

穿着黑色衣服的男人，他们的脸上和脚上都布满灰尘和汗水，他们不分昼夜地工作，在没有阳光的黑暗中，不停地敲打着。[1]

---

[1]　Laiou, A. E. *The Economic History of Byzantium from the Seventh through the Fifteenth Century* [M]. Dumbarton Oaks, 2002: 916.

金币和银币的发行权仅限于首都君士坦丁堡造币厂。首都造币厂再进一步授权给伊利里亚、意大利大区和非洲各行省的造币厂。在罗马帝国晚期和拜占庭帝国早期，因行政原因，有一些规模较大的造币厂被分为了几个小厂子，也即造币厂分厂。6 世纪时，君士坦丁堡造币厂有 10 座生产索利多金币的分厂，5座生产弗里斯铜币的分厂。

除此之外，皇帝在各地巡行或部队驻扎期间，还会临时设置"御用造币厂"以便利开支。这类造币厂并不固定在某一地区，而是随皇帝和同行人员的转移而流动。一般情况下，当皇帝离开后，原造币厂生产金银币的特权也会被收回，但在特殊时期，如举行帝国庆典之时，仍会继续打制特殊的纪念金币。

三、帝国的管家

他对整个税收体系、收入和公共支出了如指掌，对支付出去的工资和收回来的税款的具体数额一清二楚……他了解所有的造币厂，清楚造币的生产过程，知道每一枚金币的确切重量和贵金属的含量。[1]

优士丁尼曾任命过两位杰出的财政部长。一位是卡帕多西亚的约翰，另一位是叙利亚人彼得·巴西姆斯。作为帝国的管家，他们不仅负责全国货币的发行和流通，还需要在财政上满足优士丁尼重现昔日罗马帝国辉煌的需要。

卡帕多西亚的约翰出身低微，最初是一位为民兵服务的抄写员，后来晋升为普雷托里亚行省省长的下属官员，主要负责管理省内的审计和税收征管工作。他以此工作为跳板，获得了"杰出者"的荣誉头衔，并最终在公元 531 年成为普雷托里亚省

---

① Laiou, A. E. *The Economic History of Byzantium from the Seventh through the Fifteenth Century* [M]. Dumbarton Oaks, 2002: 917.

的省长。从那以后，他便成为优士丁尼政府中的活跃人物。历史学家普罗柯比对他的评价极低，强烈谴责他的邪恶、贪婪及对财富的挥霍。[①] 然而，在优士丁尼的眼里，约翰有才华、有胆识且精力旺盛，尤其在增加财政收入方面足智多谋。

公元526年5月，安条克在地震中成为废墟。紧接着，拜占庭与波斯之间的战争爆发。到公元527年优士丁尼继位时，空空如也的国库使得他无法展开任何重大行动。最终，财政状况的不佳被归因于当时任职普雷托里亚行省省长的无能。于是，公元531年约翰接替了这一职位。通过开征"空气税"、联保地税等新税，他不仅为皇帝筹集了资金，也使自己变得很富有。

公元532年，尼卡起义爆发后，民众强烈要求优士丁尼解雇约翰，认为他是公众苦难的根源。为了平息民愤，优士丁尼把约翰撤掉，任命福克斯为圣库伯爵。然而，由于福克斯在财政上无法满足帝国的需要，仅一年之后，优士丁尼便又重新任用约翰担任圣库伯爵之职。

在公元535年至公元536年，约翰颁布了一系列法令。法令包括缩减国家物流系统的服务范围。这样做的后果是，当地方遇到灾害时，消息需许久才能传递到京城君士坦丁堡。对于内地的农民来说，境况更为严峻，因为公共物流系统的取消使得他们不得不先将农产品运送到港口，然后再运往首都。如此一来，大量农作物被滞留在仓库里腐烂变坏，农民收入下降，难以支付税款，最后只能背井离乡到处流浪。

可以说，约翰对优士丁尼的影响非常大。他甚至曾说服优士丁尼放弃对北非的汪达尔王国进行大规模远征，并帮助起草了拜占庭与波斯库思老一世签订的永久和平协定。然而，皇后

---

① ［东罗马］普罗柯比. 秘史［M］. 吴舒屏和吕丽蓉，译. 上海：三联出版社，2007：94-96.

狄奥多拉不喜欢约翰，尤其不愿看到他对优士丁尼有如此大的影响力，因而设法打击他。公元541年，在狄奥多拉和其密友的设计下，约翰最终因谋逆罪被流放，财产悉数被没收。此后，约翰便退出了拜占庭的政治舞台。虽然在公元548年狄奥多拉逝世后，优士丁尼将约翰召回了君士坦丁堡，但从未恢复其官职。一段时间后，约翰便在君士坦丁堡悄然去世了。

对于优士丁尼而言，帝国财政仍需要像约翰一样的人。这一次，优士丁尼找到了叙利亚人彼得·巴西姆斯。历史学家普罗柯比评价彼得："不像约翰那样咄咄逼人，引人生厌，而且受到狄奥多拉宠幸。"① 彼得最初是一名银行家，后来在普雷托里亚行省的参谋部任职。大约在公元538年底，他接替了约翰圣库伯爵一职。在此职务上，他被授予名誉领事和贵族头衔。公元543年，他开始兼任普雷托里亚的省长。公元546年，他因没能解决首都粮食的供应问题，遭到解雇。不过，在皇后狄奥多拉的庇护下，公元547年彼得便再次被任命为圣库伯爵，此后一直任职至公元555年。

四、技术和工艺

在优士丁尼王朝时期，铸币的生产均有统一的尺寸、重量标准和币图设计。然而，我们却时常发现，即便是相同种类的钱币，其重量和直径都各不相同。这是因为，与现代机器铸币不同，拜占庭钱币一般都是工匠用锤子一枚一枚敲击而成的。由于打制工匠的不同，打制习惯、力道各有差异，故很难找到两枚一模一样的钱币。

其实，在公元前289年罗马共和国最早开始生产青铜币阿

---

① ［东罗马］普罗柯比. 秘史［M］. 吴舒屏和吕丽蓉，译. 上海：三联出版社，2007：100.

斯时，所采用的生产方法是浇铸法，即将金属烧熔为汁，浇注在磨具中，冷却后形成钱币。这是因为当时的阿斯铜币个头非常大，1阿斯重1罗马磅，重约327克。此后，阿斯的重量不断变轻，在公元前211年时，已降至1/6罗马磅，即54.5克。从这一年开始，阿斯的生产方法由浇铸改为打制。这一传统一直延续至罗马帝国和拜占庭帝国统治时期。除了大个头的纪念章，钱币一般采用锤击的方式制成。

与西欧国家的造币相比，拜占庭造币更长久地保留了罗马造币的典型特征，包括采用高浮雕的刻法和厚币坯。然而，在中世纪，西欧国家的造币却采用了低浮雕的刻法，且用薄币坯制成。这样一来，对于相同重量的币坯，西欧造币的个头会显得格外的大。例如，一枚罗马奥里斯金币和一枚英国诺波尔金币的重量相差无几，但是诺波尔的直径却是奥里斯的2倍，币面面积是前者的4倍。在优士丁尼时期，虽然索利多金币和弗里斯铜币比奥里斯金币和塞斯特提铜币更薄一些，但比起中世纪西欧的其他造币，它们更接近之前罗马造币的重量和大小。

在优士丁尼王朝统治时期，索利多金币一般做工良好。相比之下，塞米斯金币和特里米斯金币，由于经常使用形状不规则的币坯，故币面铭文和币图效果不佳。对于铜币而言，其做工也不佳，尤其在通货膨胀时期，剪边后的旧币常常被作为币坯。这样一来，时常会出现图案重叠或币文超出币坯的情形。

此外，开模工也会经常犯错，比如将铭文拼写错误，没有记清楚印模内容等。有时，他们都有可能在币文插入不正确的皇帝名字。例如，在优士丁二世和索菲亚统治时期，有一枚1/2弗里斯铜币，上面印着优士丁尼的姓名。甚者，一枚被废弃了数十年的印模，都有可能被再次使用。

第二节　货币体系的构成

一、总体演进

优士丁尼王朝的货币体系总体上延续了公元512年阿纳斯塔修斯第二次货币改革后的货币体系。该体系的主要货币仍由金币和铜币构成。关于银币，除了原东哥特人和汪达尔人统治之下的意大利半岛和北非使用之外，主要被用于典礼，并不具有商业流通的功用。三种广为人知的金币面值类型是索利多、塞米斯和特里米斯。铜币的主要面值类型是价值40努姆斯的弗里斯、价值20努姆斯的1/2弗里斯、价值10努姆斯的1/4弗里斯、价值5努姆斯的1/8弗里斯和努姆斯。

在帝国本土，单位努姆斯被作为基本货币单位，也是最小货币单位。不同面值的铜币常常是单位努姆斯的倍数币，故在弗里斯、1/2弗里斯、1/4弗里斯和1/8弗里斯的背面，其价值标记分别为"M"（40）、"K"（20）、"I"（10）和"E"（5）。相比之下，在6世纪末，切尔森地区曾将5努姆斯作为基础货币单位，故在该地流通的弗里斯和1/2弗里斯的背面，其价值标记分别为"H"（8）和"Δ"（4）。此外，埃及的货币体系以12努姆斯为基本货币单位。

公元539年，即优士丁尼独立统治的第12年，曾发生过一次比较大的货币改革。在这次改革中，索利多和弗里斯采用了新的正面币图，即皇帝头戴王冠，手持十字宝球。与此同时，弗里斯铜币的重量增至约22克，直径增至约40毫米，与金币索利多之间的兑换比率从1:210提高为1:180，并且币面上印着打制日期。

关于这次货币改革发生的原因，我们所知甚少。一方面可能是出于政治上的考量，因为此前帝国不仅征服了原汪达尔王国所在的北非，还经历了帝国行政的重组、民法的编撰及圣索菲亚大教堂的重建。因此，通过发行新的、更重的、制作更精良的铸币，可以使优士丁尼从前辈中脱颖而出。另一方面也离不开经济方面的原因，尤其重型弗里斯铜币的出现是因为弗里斯铜币与特里米斯金币之间没有（中间面值的）银币存在，使得货币之间的兑换极为不便，而对非洲的重新征服，在某种程度上为国库带来了新的贵金属资源，使得铜相对金的价格上升成为可能。

然而，可以想象，在日常生活中，这一重型弗里斯铜币使用起来很不方便，所以，它的出现如昙花一现，仅持续了 4 年。此后，一系列战争与通货膨胀的发生，使得弗里斯的重量不断下降，在王朝末期福卡斯统治时期，其平均重量约 11.5 克，接近优士丁尼货币改革时的一半，与索利多之间的兑换比率跌至 1∶288。伴随着弗里斯的减重，其他小面额铜币的重量也在下降，在 6 世纪末，价值 5 努姆斯的小铜币因重量太轻而不再打制。

二、金币

在优士丁尼王朝时期，常用的金币包括三种面值，即索利多、价值 1/2 索利多的塞米斯和价值 1/3 索利多的特里米斯。其中，索利多是最重要的面值种类。偶尔，在特殊纪念日还会打制比索利多个头大的黄金纪念章。

日常流通的索利多重 1/72 罗马磅，即 24 克拉，约 4.54 克（见图 3 - 1）。该币自公元 310 年君士坦丁大帝改革后，在近 700 年的流通时间里，一直被广泛用于流通、储备、税收、纳贡、官员们的工资支付和国际贸易。这期间，其重量、尺寸和纯度基本保持不变，但币图设计有所变化。在优士丁尼王朝时期，索利多的正面币图一般是皇帝正面胸像，背面币图比较丰富，既有多神教类币图，又有基督教类币图。

除了常规重量的索利多金币，在 6 世纪下半叶，曾出现了一

注：该币打制于公元 527 年至公元 565 年，重 4.45 克，直径 20 毫米，迦太基造币厂。钱币正面是帝王头戴盔甲胸像，手持十字宝球和盾牌，币文 DN IVSTIN-IANVS PP AVI；背面是天使像（男性），手持十字宝球和长十字架，右方有芒星，币文 VICTORIA AVGGG，下方有标记 CONOB（君士坦丁堡足金）。

图 3 - 1　优士丁尼统治时期的索利多金币

系列由轻型索利多构成的从属金币，其重量主要包括 23 克拉、21.5 克拉和 20 克拉三类。其中，优士丁尼创造了两系列"减重"索利多金币。其中一系列重量为 20 克拉，即 3.78 克，主要由君士坦丁堡造币厂负责生产（见图 3 - 2）；另一系列重约 21.5 克拉，即 4.05 克，主要由帖撒罗尼迦造币厂负责生产。莫里斯创造了一系列"减重"索利多金币，重约 23 克拉，即 4.35 克，该币在福卡斯统治时期和希拉克略统治早期被继续发行。

注：该币打制于公元 545 年至公元 565 年，重 3.75 克，直径 22 毫米，君士坦丁堡造币厂。钱币正面是帝王头戴盔甲正面胸像，手持十字宝球和盾牌，币文 D N IVSTINI - AVS P P AVG；背面是天使正面站像（男性），手持十字宝球和长十字架，右方有芒星，币文 VICTORI - A AVGGG，下方有标记 OB XX。

图 3 - 2　优士丁尼统治时期的减重索利多金币

关于这些"减重"索利多金币的用途，说法不一。据记载，重 23 克拉的"减重"索利币主要来自格鲁吉亚，而重 20 克拉的"减重"金币主要来自俄罗斯或中欧。据此，其中一种说法认为，"减重"索利多金币的打制是为了便于同日耳曼民族进行贸易往来。[①] 然而，另一种说法认为，它们是国家在危机时期出于节约财政的考虑而发行的货币，在流通的过程中帝国强制人们按照法定比率进行兑换。[②]

塞米斯和特里米斯是面值较小的两种金币。1 塞米斯等于 1/2 索利多，1 特里米斯等于 1/3 索利多。与索利多相比，作为辅币的它们并不是很重要。通常，每个统治者在位时期，仅会各自打制一种类型。所以，它们的币图不经常发生变化。在整个 6 世纪，这两种金币的正面币图一直是皇帝侧面胸像，背面币图则大多保留着胜利女神像（见图 3 - 3）。相比之下，在索利多金币上，胜利女神像在很早之前便被天使像取代了。

注：该币打制于公元 582 年至公元 602 年，重 2.29 克。钱币正面是帝王头戴盔甲侧面胸像，面朝右，币文 D N MAVRICI P P AVI；背面是胜利女神向右行走像，眼睛看向左方，手持十字宝球和花环，币文 VICTORIA AVGG，造币厂标记 CONOB。

图 3 - 3　莫里斯统治时期的塞米斯金币

---

① ［英］菲利普·格里尔森. 拜占庭货币史［M］. 武宝成，译. 北京：法律出版社，2018：83.

② Laiou, A. E. *The Economic History of Byzantium from the Seventh through the Fifteenth Century*［M］. Dumbarton Oaks, 2002：218.

三、铜币

在优士丁尼王朝初期，铜币及其辅币的构成基本延续了阿纳斯塔修斯在公元 512 年货币改革的成果，主要面值包括弗里斯、1/2 弗里斯、1/4 弗里斯、1/8 弗里斯和努姆斯。其中，弗里斯价值 40 努姆斯，重 18 克，与索利多的法定兑换标准为1:210，正面币图基本是侧面胸像，背面币图是大个头价值标记。

公元 539 年，优士丁尼进行了货币改革，将弗里斯铜币的重量增至约 22 克，直径增至约 40 毫米（见图 3 - 4），与索利多金币的兑换比率调整为 1:180。在外观上，较高面值的铜币和索利多一样，在造币正面，正面胸像取代了传统的侧面胸像；背面币图虽然基本设计未发生变化，但为了表明铸币打制时间，增加了用拉丁字母表示的帝王即位纪年。

注：该币打制于公元 539 年至公元 540 年，重 22.47 克，直径 41 毫米。钱币正面是皇帝正面胸像，币文 D N JVSTINIANVS PP AVG；背面是价值标记 M，日期标记 ANNO XIII，造币厂标记 NIK B。

图 3 - 4　优士丁尼统治时期的弗里斯铜币

这些大个头弗里斯铜币的使用仅持续了 4 年，即从优士丁尼统治第 12 年到 15 年。在此之后，它的重量开始变轻。在优士丁尼统治后期，君士坦丁堡发行的弗里斯铜币的重量又重新回到 18 克左右（见图 3 - 5）。在优士丁尼统治末年，弗里斯铜币不仅没有达到正常的重量，而且发行量还很少。在优士丁二世统治时期，弗里斯的重量进一步下降到约 13.5 克。在提比略二世、莫里斯和福卡斯统治时期，弗里斯仅重约 11.5 克（见图 3 - 6）。

注：该币打制于公元 557 年至公元 558 年，重 18.43 克，直径 33 毫米。钱币正面是皇帝正面胸像，币文 D N JVSTINIANVS PP AVG；背面是价值标记 M，日期标记 ANNO XXXI，造币厂标记 NIK B。

图 3 - 5 优士丁尼统治时期的弗里斯铜币

注：该币打制于公元 580 年至公元 581 年，重 13 克，直径 31 毫米。钱币正面是皇帝正面胸像，币文 M TIb CONSTANT PP A；背面是价值标记 M，日期标记 ANNOЧ，造币厂标记 NIKO。

图 3 - 6 提比略二世统治时期的弗里斯铜币

铜币重量的变化会影响面值的种类。随着弗里斯铜币重量的减轻，其他小面值铜币的个头变得越来越小，以至于无法生产，遂逐渐淡出流通领域。努姆斯铜币在优士丁尼统治时期被重新启用，在优士丁二世统治时期最后一次出现。5 努姆斯铜币在莫里斯继位后，便几乎不再制造了。随着较低面值的铜币逐渐退出流通市场，较高面值的铜币的种类增加了，例如，提比略二世和福卡斯都打制了价值 30 努姆斯的铜币。

关于小面额铜币退出流通领域的速度，帝国东西部存在差别。具体来讲，与首都和东部各行省相比，在意大利半岛和北非流通的小面额铜币被淘汰的时间最晚。这是因为这两个地区的物价水平远远低于帝国东部和首都地区，所以，人们平时主要使用 1/2 弗里斯铜币，而不是弗里斯铜币。在 7 世纪中叶，当帝国东部由于出现通货膨胀淘汰了面值较低的铜币时，这两个地区仍在使用这些较低面值的铜币，直到更晚些时候才停止流通。

四、银币

在 6 世纪，帝国东部同在前一个世纪中一样，日常流通的货币主要由金币和铜币构成，银币仅在特定的仪典场合中使用，所以常常具有纪念币的特征，形制也不统一。这些银币主要有两种面值，一种重约 2.5 克，另一种重约 5 克。虽然它们常被称为西力克银币和双西力克银币，但极有可能就是轻型和重型米拉伦斯银币。[①]

在优士丁尼和优士丁二世统治时期，东部发行的银币的正面币图一般是侧身像，背面币图则主要有两种：一种是造型各异的皇帝站像（见图 3 - 7），另一种是字样"VOTA"（意为誓愿）（见图 3 - 8）。这两种币图的使用都可以追溯到前一个世纪。

---

① ［英］菲利普·格里尔森. 拜占庭货币史［M］. 武宝成，译. 北京：法律出版社，2018：72.

注：该币打制于公元 527 年至公元 537 年，重 4.86 克。钱币正面是皇帝侧面胸像，币文 DN IVSTINIANVS PP AVG；背面是皇帝正面站像，面朝左，手持长矛和盾牌，右侧底板上有芒星，造币厂标记 COB。

图 3 - 7　优士丁尼一世统治时期的双西力克银币

注：该币打制于公元 527 年至公元 565 年，直径 18 毫米。钱币正面是皇帝侧面胸像，币文 DN IVSTINIANVS PP AVG；背面是花环内三行币文 VOT MVLT MTI，造币厂标记 COB。

图 3 - 8　优士丁尼一世统治时期的西力克银币

在提比略二世统治时期，东部发行的银币的背面币图发生了变化。皇帝站像和字样"VOTA"两种币图都被淘汰了，取而代之的是大个头基督符。在莫里斯统治初期，基督符虽被保留了下来，但很快又被平头十字架取代了。该十字架或位于花环内，或位于由双圈波点纹环绕的宝球上，或位于两棕榈枝之间。在福卡斯统治时期，仅位于两棕榈枝之间的十字架币图被保留了下来。

与帝国东部不同，在汪达尔人统治下的非洲和东哥特人统治下的意大利半岛，小银币是重要的流通媒介。公元534年和公元554年，优士丁尼分别收复了这两个地区。此后，小银币仍被作为当地的流通货币。在6世纪中叶的几十年里，两地生产的银币的数量还很庞大。然而，在优士丁尼逝世后，银币的生产数量开始下滑。到了该世纪末，几乎与在帝国东部一样，银币的生产发行已经变得非常罕见了。

其中，来自非洲迦太基造币厂的银币，没有特定的造币厂标志。优士丁尼收复该地之后，借鉴帝国东部银币的币图，发行了大量背面印有"VOTA"的誓愿币，以取代之前汪达尔人发行的钱币。在提比略二世统治时期，基督符逐渐成为银币背面币图的主流。在莫里斯统治时期，银币的背面币图越来越接近中世纪西欧的样式，如帝王花押的采用。在福卡斯统治时期，背面币图又回到了相对简单的类型，如在花环内印有简单的标记等。

来自意大利半岛的银币同样没有造币厂标志。不过，按照惯例，这些银币一般来自拉文纳造币厂，而非罗马造币厂。优士丁尼在此地发行的银币的背面币图种类很丰富，有些印着价值标记"CN"（250）、"PKE"（125）或"PK"（120），有些印着各式各样的基督符（见图3-9）、十字宝球等。其中，印着

注：该币打制于公元552年至公元565年，重1.35克，拉文纳造币厂生产。钱币正面是皇帝侧面胸像，币文 DN IVSTINIANVS PP AV；背面为位于花环内的大个头基督符。

图3-9　优士丁尼一世统治时期的1/2西力克银币

标记"CN"字样的银币与西力克的价值相等，标记着"PKE"
字样的银币相当于1/2西力克银币。它们的同时存在，方便了
货币间的相互兑换。

第三节　造币厂的分布

一、造币厂的扩张

在罗马共和国时期，罗马造币厂几乎生产了全国大部分钱
币，地方省份偶尔会设立临时造币厂以补充钱币的发行。直到
公元3世纪，各行省才开始设置长期存续且定期生产的造币厂。
3世纪末，戴克里先在行政管理改革期间增设了一些新的造币
厂，使得造币厂的网格化布局得以实现。然而，在君士坦丁大
帝之后，帝国的分裂、日耳曼人的入侵和经济衰退的相继发生，
使得帝国造币厂的数量锐减，直至进入6世纪，这一趋势才得
以扭转。

公元296年至公元450年，帝国大约出现过17个造币厂。然
而，到了5世纪90年代，仅有3个造币厂还在正常运营。在阿纳
斯塔修斯至优士丁尼统治时期，造币厂的数量从3个增加到10
个，甚至更多。在6世纪末，仍有9家正常营运的主要造币厂
（见表3-1）。其中，东部主要有君士坦丁堡、尼科美底亚、库梓
科斯、帖撒罗尼迦、安条克和亚历山大造币厂（见图3-10）。它
们分别位于色雷斯、本都、亚细亚、伊苏利亚、东方和埃及教区。
西部主要有迦太基、拉文纳、罗马造币厂（见图3-10）。此外，
还有一些零星的临时开设的厂子和许多小型造币厂。在7世纪初，
随着帝国与波斯之间战争的爆发，许多设立在两国交战边界或被
战争波及的地区的造币厂被迫停止造币生产活动。与此同时，为
了支付军饷，几个临时造币厂被建立了起来。后来，希拉克略在

公元 628 年至公元 629 年进行了货币改革，将货币的打制进一步集中化，于是，大量造币厂被关闭。

表 3 – 1　　公元 6 世纪至 7 世纪初拜占庭造币厂的分布

大区	行省	造币厂	钱币类别
东部	色雷斯	—	
	君士坦丁堡	君士坦丁堡	金币、银币、铜币
	本都	尼科美底亚	铜币（公元 629 年至公元 630 年）
	亚细亚	库梓科斯	铜币（公元 629 年至公元 630 年）
	东方	安条克	铜币（公元 610 年）
	伊苏利亚	塞琉西亚	铜币（公元 618 年）
	埃及	亚历山大	铜币（公元 646 年）
伊利里亚	达西亚	—	—
	马其顿	帖撒罗尼迦	金币、铜币（公元 629 年至公元 630 年）
非洲	非洲	迦太基	金币、银币、铜币（公元 533 年至公元 695 年）
	—	（卡利亚里）	金币、铜币（公元 695 年至公元 720 年）
	—	（卡塔赫纳）	金币（公元 550 年至公元 625 年）
意大利	意大利	拉文纳	金币、银币、铜币
	罗马	罗马	金币、银币、铜币
	西西里	卡塔尼亚	金币、铜币
其他	塞浦路斯	康斯坦提亚	铜币（公元 626 年至公元 629 年）
	—	切尔森	铜币（公元 658 年至公元 659 年）

资料来源：Laiou, A. E. *The Economic History of Byzantium from the Seventh through the Fifteenth Century* [M]. Dumbarton Oaks, 2002：912.

　　早在阿纳斯塔修斯一世统治时期，君士坦丁堡和尼科美底亚造币厂便已是帝国的主要造币厂。其中，君士坦丁堡作为帝国的首都，是帝国所有类型钱币的生产中心；尼科美底亚毗邻

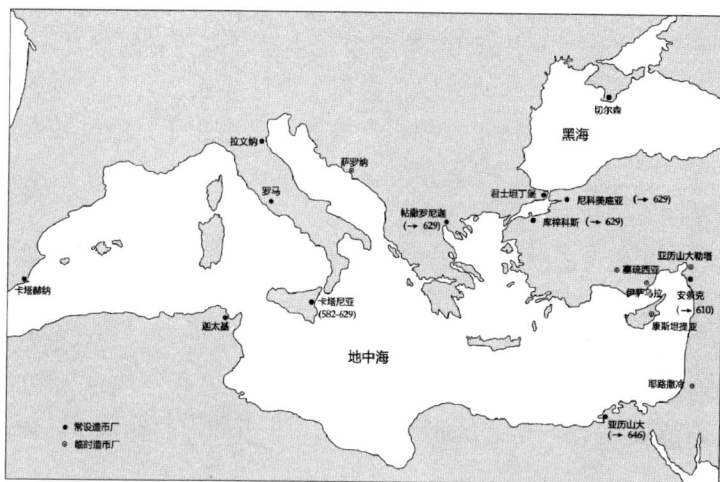

图 3 – 10 公元 6 世纪至 7 世纪初拜占庭造币厂的分布

（资料来源：Laiou, A. E. *The Economic History of Byzantium from the Seventh through the Fifteenth Century* ［M］. Dumbarton Oaks, 2002: 913. ）

马摩拉海，是重要的铜币生产基地。此外，阿纳斯塔修斯一世还在制造业大省叙利亚的中心城市安条克，开设了新的造币厂。在 6 世纪，安条克造币厂的重要性仅次于君士坦丁堡造币厂。

库梓科斯造币厂是在尼科美底亚造币厂之后设立的，然而，直到公元 539 年，它才发挥了重要作用。这两座造币厂相隔不远，生产的铸币也十分相似，主要包括铜币弗里斯和 1/2 弗里斯。根据推测，之所以会出现这种情况，既有传统习惯使然，也有区位因素的影响，因为它们都紧紧环绕着马摩拉海，非常便利数以吨计的原料铜的运输。①

---

① ［英］菲利普·格里尔森. 拜占庭货币史 ［M］. 武宝成，译. 北京：法律出版社，2018：74.

帖撒罗尼迦造币厂兴建于优士丁一世统治时期，当时主要生产弗里斯铜币及其辅币。帖撒罗尼迦是马其顿省的重要城市。在 6 世纪至 7 世纪，帖撒罗尼迦周边地区多次被阿尔瓦人和斯拉夫人入侵，导致造币厂的生产被部分私有化了，不过其生产活动一直没有中断，一直到 7 世纪初希拉克略货币改革时才被迫关闭。

亚历山大造币厂的历史非常悠久。在元首制时期，它便是非常重要的造币厂，曾生产了大量的四德拉克马银币。后来，随着铸币的质量每况愈下，最终于公元 295 年停止生产。戴克里先在位时期，曾将亚历山大造币厂重新编入皇家造币厂体系。然而，在阿纳斯塔修斯一世统治时期，该造币厂并没有打制钱币。在优士丁尼统治时期，它开始生产努姆斯的倍数币。此后，它的生产活动一直持续到 7 世纪上半叶，即埃及被阿拉伯帝国占领为止。

关于迦太基造币厂，优士丁尼在公元 533 年西征北非取得胜利，使得迦太基造币厂从汪达尔人手中回到拜占庭帝国。从这一年开始，优士丁尼发行了重型弗里斯铜币以代替汪达尔人的造币。4 年后，迦太基造币厂开始打制金币，此后其生产一直持续至公元 695 年，即迦太基被阿拉伯帝国彻底攻陷和摧毁之年。

位于意大利大区的罗马造币厂和拉文纳造币厂，其命运与生产内容也与帝国的征伐活动密切关联。公元 536 年，贝利萨留占领罗马城后不久，罗马造币厂便开始打制弗里斯铜币。然而，到了 6 世纪末和 7 世纪初，在伦巴第人的攻击下，拜占庭在意大利半岛的领土不断缩小，罗马造币厂的重要性不断下降。至于同在意大利大区的拉文纳，由于东哥特战争持续的时间比较久，所以，直至优士丁尼统治的最后几年，才在城中设立了一座拜占庭造币厂。

上述 9 座主要造币厂存续的时间相对较长，其发行的货币种类也较多。除此之外，在 6 世纪，帝国还临时设立了一些造币厂。例如，在公元 582 年至公元 629 年期间存续的卡塔尼亚造币厂。该造币厂位于西西里岛，早在优士丁二世统治时期，便开始生产金币索利多。不过，该造币厂生产的铸币一直游离于各行省的造币体系之外。在 7 世纪君士坦斯二世统治时期，它更是被私有化了。

此外，在西班牙南部的卡塔赫纳也曾设有造币厂。这是优士丁尼在公元 551 年从西哥特人手中夺回的。在优士丁尼、莫里斯、福卡斯等时期，它一直在生产稀有的减重后的特里米斯金币，直至公元 615 年西哥特人重新占领了该地。在优士丁一世之后，黑海北岸的边区岗哨切尔森也开始生产钱币，开始是小面值的 5 努姆斯铜币，在 6 世纪末开始生产较高面值的货币。

二、君士坦丁堡

一个地方同时具备美丽、安全和富足的优点，这便足以说明君士坦丁的选择是无可非议的。①

公元 324 年，君士坦丁大帝决定在博斯普鲁斯海峡西岸的古拜占庭城的基础上建设帝国的新首都，曰“新罗马”。那时这座古城已有 1000 多年的历史。它的地理位置很优越，不仅是易守难攻的天然要塞，还是欧洲与亚洲交汇的“金角”。早在公元前 7 世纪，一支弱小的希腊移民队伍便在这里定居了下来，并以此为据点，走向海洋，为独立繁荣的共和国带来了荣誉。

为了尽早完成新都的扩建工程，君士坦丁亲自勘测，圈定城市界标，并组织培养专门的建筑人才。公元 330 年 5 月 11 日，新都建成，帝国正式迁都，“新罗马”改名君士坦丁堡，意为“君士坦丁之城”。君士坦丁于公元 337 年去世之后，君士坦丁

---

① ［英］爱德华·吉本. 罗马帝国衰亡史［M］. 黄宜思和黄雨石，译. 北京：商务印书馆，1997：378.

堡的地位越来越重要。这期间，也有皇帝非常厌恶它，例如，皇帝弗拉维·瓦伦斯在位 14 年，仅在那里待了一年。在西罗马帝国灭亡后，君士坦丁堡成为了拜占庭帝国无可争议的首都。从此，皇帝们不再游荡在不同的行宫之间，而是留在君士坦丁堡的宫殿里，指派将军们四处征战。于是，东地中海和西亚的财富开始流入君士坦丁堡。从公元 4 世纪末期到公元 13 世纪初期，君士坦丁堡一直是欧洲规模最大且最繁华的城市。

　　其实，早在君士坦丁堡正式成为新首都之前，那里的铸币活动就已经开始了。公元 326 年，君士坦丁堡造币厂落成，并有两个生产车间或分币厂。此后，该造币厂规模迅速扩大。公元 327 年，分币厂的数目增长至 6 个，到公元 330 年已增长为 11 个。在君士坦丁统治时期，该造币厂生产了大量金币。到公元 498 年阿纳斯塔修斯货币改革时，它已经成为了全国生产金币最多的造币厂，后来又成为了全国唯一一个生产金币的造币厂。在优士丁尼王朝时期，君士坦丁堡造币厂仍是全国金币的重要来源。尽管这期间其他一些造币厂也生产过金币，但其生产金币所用的印模大多来自君士坦丁堡造币厂（见图 3-11）。

注：该币打制于公元 527 年至公元 565 年，重 4.45 克，直径 20 毫米，迦太基造币厂。钱币正面是帝王头戴盔甲胸像，手持十字宝球和盾牌，币文 DN IVSTIN-IANVS PP AVI；背面是天使像（男性），手持十字宝球和长十字架，右方有芒星，币文 VICTORIA AVGGG，下方有标记 CONOB（君士坦丁堡足金）。

图 3-11　优士丁尼统治时期的索利多金币

最初，这里生产的钱币均印有标记"CONS"，即"constan-tinople"的缩写，表示君士坦丁堡。后来，一个更简短的标记"CON"成为了常用标记。对于金币而言，从公元378年开始，"CON"与"OB"一同出现，即"CONOB"成为了标准标记，其中"OB"是"obryzum"的缩写，表示足金。在5世纪，帝国东部可打制金币的地区，事实上仅限于君士坦丁堡了，故"CONOB"成为造币厂标记。到了6世纪，地方行省的造币厂重新开始大规模生产金币，然而，由于生产金币的印模是由君士坦丁堡造币厂提供的，所以在帖撒罗尼迦、罗马、拉文纳及迦太基等造币厂生产的金币上，仍可以看到标记"CONOB"。

三、安条克

安条克位于亚欧大陆的交界处奥龙特斯河的东边，是古丝绸之路的必经之处。公元前323年，亚历山大大帝去世，留下的广袤疆域被将军们一分为四。其中，部将塞琉古一世以叙利亚为中心，建立了塞琉古王朝。公元300年，塞琉古王国与托勒密王国矛盾加剧，于是，塞琉古迁都安条克城。

关于该城的选址，有一个传说。据说，塞琉古根据古老的仪式，赐予宙斯之鸟——老鹰一块祭肉，老鹰携带祭肉飞起，最后落脚之处就是安条克建城之地。安条克城建好后，因其优越的地理、军事和经济地位，很快便与亚历山大城相抗衡，成为西亚的主要城市。

公元前64年，塞琉古王国灭亡，罗马人控制了安条克。在一定程度上，罗马的皇帝们非常喜欢这座城市，并试图使之成为"东罗马"，凯撒、图拉真和尤利安等皇帝均到访过这里。从4世纪初开始，安条克成为了罗马东方大区的首府所在地，下辖16个行省，是帝国最繁华的城市之一。

经济的繁荣离不开货币的支持。公元294年，戴克里先进行货币改革时，安条克造币厂的分币厂的数量为 8 个。公元 324 年，君士坦丁一世控制了该造币厂，其分币厂的数量增加至 10 个。公元 347 年，其规模进一步扩大，分币厂的数量增加至 15 个。在 6 世纪，虽然安条克造币厂仅有 4 个分币厂，但其重要性仅次于君士坦丁堡造币厂，尤其铜币的产量极大。然而，与君士坦丁堡造币厂和尼科美底亚造币厂相比，安条克造币厂开始生产弗里斯铜币的时间却晚得多。

在 6 世纪至 7 世纪，安条克经历了跌宕起伏的命运。关于这一点，我们可以从钱币的发行和设计上找到证据。公元 526 年，一场大地震摧毁了整个安条克。此后，持续了 18 个月的余震造成进一步的破坏，并引起了大火。当余震过去后，安条克开始重建。然而，没过多久，在公元 528 年 11 月该城又发生了地震，重建工作只好作罢。此后，安条克作为拜占庭帝国最大贸易中心的地位不复存在。

在安条克生产的造币上，公元 528 年之前的造币厂标志一般是"ANTX"（见图 3 - 12），即"antioch"的缩写。地震再次发生后，人们祈愿这座城市从此免受地震之灾，并将城市的名

注：该币打制于公元 518 年至公元 527 年，重 16.02 克，直径 33 毫米，安条克造币厂。钱币正面是帝王侧面胸像，面朝右，币文 DN IVSTINSVIS P AVGS；背面是大个头标记 M，左侧、右侧和上方各有一个十字架，下方有标记 ANTX 和分币厂标记 Γ。

图 3 - 12　优士丁一世统治时期的弗里斯铜币

字改为了"theopolis"，即"上帝之城"。相应地，与安条克对应的造币厂标记缩写变为了"THЄЧР"、"tHUP"（见图3－13）或其他类似的样式。

注：该币打制于公元552年至公元553年，重20.19克，直径34毫米，安条克造币厂。钱币正面是帝王正面胸像，币文 D N IVSTINI_ANVS P P AVI；背面是大个头标记 M，左侧是标记 A/N/N/O，右侧是标记 XXζ，上方有一个十字架，下方有标记 ε，边缘造币厂标记 tHUP。

图3－13　优士丁尼一世统治时期的弗里斯铜币

公元539年，优士丁尼在君士坦丁堡等东部造币厂开启了货币改革。一年后，安条克造币厂跟进，也进行货币改革，发行了重型弗里斯铜币，并启用了新的造币厂标记"ΘVΠΟ"。公元540年，波斯萨珊王朝曾一度征服了安条克，但很快被拜占庭夺回。在此期间，所有百姓都被带到波斯。所以，我们没有发现印着优士丁尼统治第14年和第15年（公元540年至公元541年）的货币。公元542年，该城再次打制了印有优士丁尼统治信息的钱币。

然而，在接下来的3年，钱币的打制又被中断了。公元542年，拜占庭暴发了瘟疫。公元558年，瘟疫再次来袭。随着瘟疫在帝国全境蔓延，安条克也难以幸免。瘟疫的肆虐使得造币厂工人数量骤减，为了补充人员，造币厂不得不雇佣一些学识低下的工匠。所以，在安条克于公元561年生产的铸币上，原

本工整的铭文变得混乱不堪，甚至错误百出，就连皇帝胸像的
设计水准都有所下降。

在后来几位皇帝统治时期，安条克造币厂生产的钱币质量
得到改善，尤其在福卡斯统治时期，钱币的制作和设计都优于
其他造币厂。在福卡斯统治第 8 年，安条克造币厂最后一次生
产拜占庭货币。公元 610 年，在希拉克略继位之后，或由于波
斯的威胁，或由于工匠被转移到了耶路撒冷，该造币厂关闭了。
公元 636 年，安条克最终落入了阿拉伯人之手。

四、迦太基

迦太基城临近突尼斯湾，是东西地中海的要冲。在公元前 9
世纪，腓尼基人曾在此建立迦太基城邦，后发展为强大的奴隶
制国家称霸西地中海。公元前 3 世纪，随着古罗马对外扩张，
与迦太基发生冲突，爆发了三次"布匿战争"。最终，在公元前
146 年，迦太基城被罗马军夷为废墟，迦太基古国灭亡。

公元前 122 年，罗马人开始在迦太基城原址附近建立新城，
并将之作为非洲行省的首府，后来成为仅次于罗马的第二大城
市。公元 439 年，汪达尔人占领迦太基，并将之作为汪达尔王
国的首都。直到公元 533 年，优士丁尼派大将贝利萨留再次夺
回迦太基，方使得拜占庭的影响力在北非复苏。公元 608 年，
希拉克略在北非发动起义，迦太基造币厂成为了他的主要造
币厂。

在 6 世纪，迦太基造币厂是帝国西部最重要的造币厂，
其打制的金币和铜币数量相当可观。此外，由于在汪达尔人
统治迦太基时，小银币是重要的流通媒介。所以，优士丁尼
重新收复迦太基后，曾继续在当地生产银币。尤其在 6 世纪
中叶，银币的产量非常庞大。然而，到了 6 世纪末，迦太基
造币厂已经很少生产银币了。在日常流通中，银币也变得非

常罕见。

　　迦太基造币厂生产的货币，其风格和样式都非常独特。由于其币坯往往比较厚实，边缘圆滑且个头比印模小，因此，时常有部分铭文没印在币坯上。此外，其印模常背逆转约 90 度，边缘外圈饰有花环，内圈饰有线条纹或联珠纹。同安条克造币厂一样，该造币厂也于优士丁尼统治第 13 年开始生产改革后的货币（见图 3 - 14）。

　　注：该币打制于公元 539 年至公元 540 年，重 10.03 克，直径 30 毫米，迦太基造币厂。钱币正面是帝王正面胸像，右手拿着十字宝球，左侧有盾牌，右侧底板上有十字，币文 D N IVSTINI_ANVS P P AVG；背面是大个头标记 K，左侧是标记 A/N/N/O，右侧是标记 X/III，上方有一个十字架，下方有标记 S，边缘造币厂标记 CAR。

图 3 - 14　优士丁尼一世统治时期的 1/2 弗里斯铜币

　　优士丁尼在迦太基发行了大量货币。这些货币多打制于公元 533 年至公元 542 年，主要由弗里斯铜币构成。这可能是因为发行这些重型造币是代替汪达尔人的造币最快捷且最节约成本的方式。铜币的币图与在东部流通的同种货币的币图相同，但可能由于开模工是在当地招募的，所以它们的设计起初非常独特。在其中一版弗里斯铜币上，胸像偏胖，还搭配着完整的正面铭文（见图 3 - 15）。

注：该币打制于公元533年至公元539年，重20克，直径33毫米，迦太基造币厂。钱币正面是帝王侧面胸像，币文 D N IVSTINI_ANVS P P AVI；背面是大个头标记 M，左侧是芒星，上方和右侧各有一个十字架，下方有三个点，边缘造币厂标记 KART。

图3－15　优士丁尼一世统治时期的弗里斯铜币

第四节　仿制品

在4世纪末，中亚地区的匈奴人开始向西迁移。在压力之下，大量居住在罗马帝国边境的日耳曼人转而涌入帝国境内，并在5世纪至6世纪相继建立了数个王国，如意大利半岛的东哥特王国、北非的汪达尔王国和伊比利亚半岛和高卢南部的西哥特王国等。这些王国都曾打制过大量拜占庭式仿制币。

一、意大利半岛的东哥特王国

从4世纪开始，日耳曼人在罗马军队里的地位日增。公元476年，日耳曼人奥多亚克作为罗马雇佣兵领袖，罢黜了西罗马帝国的最后一位皇帝，成为意大利半岛的新主人。起初，奥多亚克宣布效忠于拜占庭皇帝芝诺。然而，后来，他拥兵自重，把意大利半岛的统治权紧紧地握在自己手里，并对周边地区展开了一系列军事征服。对此，芝诺甚为不满，便不再承认他对意大利半岛的统治权。

与此同时，在东部的拜占庭帝国，原居于潘诺尼亚的东哥特人在他们的首领狄奥多里克的带领下，不断深入富饶的巴尔干半岛，并数次对君士坦丁堡形成围困之势。公元 488 年，狄奥多里克对芝诺说道：

> 请派遣我和我的军队向暴君（奥多亚克）进军。如果我战败了，你将摆脱掉一个昂贵而麻烦的朋友；如果我成功了，我将以你的名义统治，并为了你的荣耀，将罗马元老院和百姓从奴役中解放出来。①

为了给东哥特人寻找安置地以缓解帝国自身危机，芝诺同意狄奥多里克出兵意大利半岛。狄奥多里克越过阿尔卑斯山，不断取得胜利。公元 489 年，奥多亚克退守要塞拉文纳，狄奥多里克围攻 3 年之久而不得其门。最后，在公元 493 年 2 月25 日，两位日耳曼首领在拉文纳主教的斡旋之下达成协议，约定共同治理意大利半岛。3 月 5 日，狄奥多里克进入拉文纳。在欢呼和平的声浪中，双方同意摒弃前嫌并发誓将对方视为兄弟。然而，和平的景象仅仅维持了 10 天。3 月 15 日，狄奥多里克向奥多亚克发出宴会邀请。在宴会上，他背信地杀死了奥多亚克，收编其余部，建立了东哥特王国。

此后，狄奥多里克虽名义上对拜占庭臣服，却以王国之实统治着意大利半岛。直到公元 535 年，优士丁尼一世对东哥特王国发动了战争。这次战争一直持续到公元 555 年。在这一年，意大利半岛全境被拜占庭帝国征服，东哥特王国永远地消失在历史长河中。

---

① Gibbon, E. *The History of the Decline and Fall of the Roman Empire* [M]. London: Penguin Publishing, 2001: 420.

　　无论是奥多亚克，还是后来的东哥特王国，均在意大利半岛打制过拜占庭仿制币。其中在奥多亚克统治时期，意大利半岛的金币上印着芝诺的姓名和肖像。在东哥特王国统治时期，金币上出现过阿纳斯塔修斯、优士丁一世和优士丁尼的姓名。这些仿制币与同时期的拜占庭金币相比，其币图设计往往有些过时。例如，在东哥特王国统治时期的钱币上，正面币图中皇冠两侧常常露出缨带的末端，这还是阿纳斯塔修斯统治之前帝国东部货币的特征；背面币图则几乎全是手持长十字架的胜利女神侧像（见图3-16）。

注：该币打制于公元491年至公元518年，重4.36克，直径20毫米，罗马造币厂，以阿纳斯塔修斯一世的名义打制。钱币正面是帝王正面胸像，肩膀上扛着长矛，币文 D N ANASTA - SIVS PF AVC；背面是带着翅膀的胜利女神像，手持十字架，右侧有一颗星，币文 VICTORI - A AVCCC，造币厂标记 CONOB。

图3-16　狄奥多里克统治东哥特时期的索利多金币

　　关于银币，在奥多亚克统治时期，它从外观上看是纯粹的地方样式，或印着罗马传统币图，或印着某一意大利半岛的造币厂的标志，如 MD 和 RV。在大多数东哥特银币上，印着罗马元老院的传统标志"SC"，或者东哥特统治者的花押字（见图3-17）或姓名，或拜占庭皇帝的名字。

　　至于铜币，其形制没有受到拜占庭货币的影响。这是因为公元476年西罗马帝国皇帝的消失，使得罗马元老院重新恢复了打制铜币的古老特权。最初，罗马元老院以芝诺的名义发行

注：该币打制于公元 518 年至公元 526 年，重 0.78 克，直径 13 毫米，罗马造币厂。钱币正面是皇帝侧面胸像，币文 D N IVSTINVS P AVC；背面是狄奥多里克的花押。

图 3 – 17　狄奥多里克统治东哥特时期的 1/4 西力克银币

了印有标记"SC"的弗里斯铜币。然而，这些铜币很快就被印有"Invicta Roma"的弗里斯铜币和 1/2 弗里斯铜币所取代。新币正面印有罗马女神头像，背面则是鹰（见图 3 – 18）、狼或双生子像。除了于公元 534 年至公元 536 年执政的东哥特国王狄奥达哈德在弗里斯铜币上印了自己的姓名信息之外，奥多亚克和其他东哥特国王均未将自己的信息留在铜币上。

注：该币打制于公元 493 年至公元 526 年，重 8.36 克，直径不详，罗马造币厂。钱币正面是罗马女神侧面胸像，面朝右，币文 INVICTA ROMA，意为"不可战胜的罗马"；背面为老鹰，头朝左，向后看，翅膀张开，标记 XL 位于鹰的左侧，造币厂标记 A。

图 3 – 18　狄奥多里克统治东哥特时期的弗里斯铜币

二、伊比利亚半岛和高卢南部的西哥特王国

公元401年，西哥特人在首领阿拉里克的领导下，由巴尔干半岛翻越阿尔卑斯山进入意大利，并于公元410年攻占罗马城，劫掠多日。后来，他们转战意大利南部，打算渡海去北非。然而，阿拉里克的去世，使得计划未能实现。公元412年，西哥特人撤离罗马城，翻越阿尔卑斯山，向西班牙进军。公元415年，西哥特人进入西班牙北部地区，打败了占据此地的同为日耳曼民族的汪达尔人和阿兰人。此后，西哥特人以图卢兹为中心，在高卢南部和西班牙建立了第一个被罗马承认的地方王国——西哥特王国。

在5世纪下半叶，西哥特王国逐渐发展壮大，尤其在尤里克统治时期，王国臻于鼎盛，疆域范围从卢瓦尔河延伸至海格力斯之柱，包括高卢南部和西班牙的大部分地区。这一时期，他们便不再承认罗马的宗主权。6世纪初，西哥特王国在武耶战役中被法兰克王国击败。此后，他们被迫迁往比利牛斯山以南的西班牙地区。在此后的两个世纪中，西哥特王国逐渐走向衰落，并最终于8世纪初被阿拉伯人所征服。

西哥特人大约从公元450年开始打制西罗马帝国的仿制币。在公元476年西罗马帝国灭亡后，他们继续打制拜占庭帝国的仿制币，并一直持续到公元580年。这些仿制币主要由金币构成，包括索利多和特里米斯。其中，索利多的币图，或多或少与拜占庭的相一致；而特里米斯的背面币图区别于拜占庭所使用的胜利女神正面像，其典型图案有两种，一种是胜利女神向右行进像（见图3-19），另一种是介于袋鼠和蚱蜢之间的与十字架相像的图案（见图3-20）。

公元580年，西哥特国王雷奥韦吉尔德为了加强王权和宣扬民族独立，废除了拜占庭仿制币，开始发行印有自己肖像和

注：①该币打制于公元 507 年至公元 531 年，重 1.44 克。钱币正面是阿纳斯塔修斯侧面胸像，面朝右，币文 DN ANASTA – SIVS PP AVC B；背面是胜利女神向右行进像，手持皇冠和棕榈枝，币文 VICTORIA – AVGVSTOR T，造币厂标记 CONOB。

②该小节的币图来源于货币交流论坛：https：//en. numista. com/catalogue/pieces115009. html。

图 3 – 19　西哥特国王的特里米斯金币

注：该币打制于公元 527 年至公元 565 年，重 1.46 克。钱币正面是优士丁尼侧面胸像，面朝右；背面为十字图案。

图 3 – 20　西哥特国王的特里米斯金币

名字的西哥特式金币。图 3 – 21 为其继承人雷卡雷德一世发行的特里米斯金币。该币币图独特，正反两面均印着国王留着长发的胸像（见图 3 – 21）。

三、北非的汪达尔王国

在公元 5 世纪初，来自中欧的汪达尔人越过莱茵河进入高卢地区，定居于西班牙西北部、西部和南部。后来，在西哥特人的进攻下，他们被迫聚集在西班牙南部。公元 428 年，勇武

注：该币打制于公元 621 年至公元 631 年，重 1. 40 克。钱币正面为胸像，币文 SVINTHILA RE；背面也为胸像，币文 PIVS BARBI。

图 3 – 21 雷卡雷德一世统治时期西哥特国王的特里米斯金币

的盖萨里克成为汪达尔人的部落首领。为了避免和西哥特人之间的冲突，他决定将整个部族迁移至北非。公元 429 年，汪达尔人越过地中海，进入北非，占领了沿海富庶地区，并不断逼近西罗马帝国在非洲行省的首府迦太基。公元 435 年，罗马政府同意将一些北非领土让与盖萨里克；但后者不满足，撕毁了协议。公元 439 年，盖萨里克趁迦太基全城人聚集看赛马的时候，占领了迦太基，从此建立汪达尔王国。

此后，在盖萨里克统治之下，汪达尔王国不断扩张。盖萨里克利用迦太基扼守西地中海与东地中海通道的战略地位，很快控制了西西里岛和撒丁岛，并掌握了西地中海的海上霸权。此后，盖萨里克不断骚扰东、西罗马帝国在地中海沿岸的领土。公元 453 年，西罗马帝国与汪达尔王国的关系进一步恶化。公元 455 年 6 月，汪达尔的军队攻陷罗马城，杀掠全城长达两个星期，并将皇后欧多西亚和两名公主掠去了。直到 7 年后，这三个人才被拜占庭皇帝利奥一世赎出。公元 477 年 1 月 25 日，盖萨里克去世，汪达尔王国逐渐衰落，其治下的西西里岛先后被奥多亚克和东哥特人占领，在北非的统治更是处于摩尔人的压力之下。

6 世纪初时，汪达尔王国与拜占庭虽然经常发生摩擦，但是两国基本上保持着友好关系，特别是国王希尔德里克，作为西罗马公主欧多西亚与汪达尔老国王胡内里克的儿子，主动与拜占庭结好。然而，好景不长。公元 530 年，希尔德里克的堂弟盖利默，发动政变，将希尔德里克废黜，并自称为王。作为希尔德里克的盟友，优士丁尼一世向盖利默提出抗议，要求其归还王位，未遂。于是，公元 533 年，优士丁尼派遣大将贝利萨留远征汪达尔王国。1 年后，贝利萨留在阿德—代基蒙和特里卡马洛战役中，一举击败盖利默，并亲自押解他前往君士坦丁堡。至此，该国灭亡。

在汪达尔人发行的货币中，目前尚没有发现金币，所以不能确定其是否生产过任何金币。也许，汪达尔人通过战争和海盗活动抢夺到的金币的数量，已经可以满足其日常需要了。他们最早发行的银币，仿造了霍诺里乌斯统治时期的银币（见图 3 - 22）。这些银币就像迦太基制造的许多铜币一样，采用了个头很小的厚币坯（见图 3 - 23）。

注：该币打制于公元 443 年至公元 444 年，重 1.44 克，直径 14 毫米，迦太基造币厂。钱币正面是皇帝侧面胸像，面朝右，币文 HONORIVS PVS AGT；背面是迦太基之神正面站像，两臂张开，手持号角，右侧底板印着标记 K，下方一颗星位于两个棕榈枝之间，币文 ANNO IIII。

图 3 - 22　胡内里克统治汪达尔王国时期的西力克银币

注：该币打制于公元493年至公元526年，直径18毫米，重量不详。钱币正面是侧面胸像，面朝右，币文 DN REX G_EILAMIR；背面是平躺的标记 Γ 上方有字母 D N 和一个十字。

图3-23　盖利默统治汪达尔王国时期的西力克银币

　　汪达尔人发行的铜币由价值42努姆斯、21努姆斯、12努姆斯和努姆斯的铜币构成。这一货币体系同样适用于埃及，但不同于拜占庭帝国的由价值40努姆斯、20努姆斯和10努姆斯构成的铜币系列。此外，在努姆斯铜币上，还出现了汪达尔国王的姓名和花押字（见图3-24）。

注：该币打制于公元530年至公元534年，重0.73克，直径10毫米。钱币正面是侧面胸像，面朝右，币文 GEIL - AMIR；背面是盖利默的花押字，四周环绕花环。

图3-24　盖利默统治汪达尔王国的努姆斯铜币

四、意大利半岛的伦巴第王国

公元 568 年，源于斯堪的纳维亚半岛的伦巴第人越过阿尔卑斯山，侵入意大利半岛。其中，最大的一个支脉在阿尔卑斯山山脚的波河河谷定居了下来，慢慢地建立起来了伦巴第王国。有两个较小的支脉则分别在意大利半岛中部和南部，在靠近罗马和那不勒斯的地方，建立了斯波莱托公国和贝内文托公国。

在整个 7 世纪，伦巴第人不断开疆拓土，占领了许多拜占庭帝国的辖区，但总体上，作为松散的联盟，他们在意大利半岛的统治是局部和零散的。公元 751 年，伦巴第王国处于发展巅峰。在这一年，伦巴第王国不仅合并了斯波莱托公国，还攻下了拜占庭在意大利半岛统治的重要据点拉文纳，直接对罗马构成威胁。

为了解救罗马，罗马教皇决定向北方的强国法兰克王国的国王丕平求援。此前，罗马教皇曾帮助还是宫相的丕平夺取王位，并亲自为之加冕。为了报答教皇，丕平于公元 754 年和公元 756 年两次出兵意大利半岛与伦巴第人作战，并强迫他们将曾属于拜占庭帝国的 28 座位于意大利半岛的中心城市"交还"给教皇。公元 768 年，丕平去世。6 年后，他的儿子查理曼大帝攻占了伦巴第全部国土，并自称伦巴第人的国王。

与其他日耳曼人建立的王国一样，伦巴第王国也曾打制过拜占庭仿制币。然而，由于伦巴第人建立王国的时间比其他支脉的日耳曼人晚了将近一个世纪之久，其货币发展史也相应比较滞后。该国货币的打制主要集中在意大利半岛北部和中部。目前，尚没有发现可归属于伦巴第王国的索利多金币，但特里米斯金币（见图 3 - 25）和银币（见图 3 - 26）的数量比较丰富，钱币正面印着拜占庭皇帝的胸像和姓名。

注：该币打制于大约公元582年至公元602年，重1.47克。钱币正面是莫里斯侧面胸像，面朝右，币文 D N mAVRC C TIb PP AVI；背面为胜利女神正面站像，币文 VICTORIA AVCVITORVN。

图3-25 伦巴第王国的特里米斯金币

注：该币打制于大约公元568年至公元584年，重0.64克。钱币正面是优士丁二世侧面胸像，面朝右，币文 DN IVSTI – NVS PP AVI；背面为基督符，边缘饰有花环纹。

图3-26 伦巴第王国的1/2西力克银币

第四章 优士丁尼王朝货币的基本特征

在 6 世纪，拜占庭造币的外观发生了一系列重要变化。具体来讲，包括以下变化：金币的币图越来越基督化，传统的"胜利女神"图案先是被"天使像"替代，后来又被"十字架"取而代之。在弗里斯铜币及其辅币上，开始出现价值标记；在币图中，正面胸像逐渐取代了自奥古斯都以来使用的侧身像。

第一节 世俗统治者图案

一、侧面像的演变

自奥古斯都以来，罗马钱币正面通常印着皇帝或其他皇室成员的侧身像（见图 4 - 1）。然而，在 6 世纪，拜占庭帝国在东

注：罗马帝国时代，打制于公元前 25 年至公元前 23 年，重 3.88 克。正面为奥古斯都头像，面朝右，币文 IMP CAESAR AVGVST；背面为圆形盾牌，靶心位于八角形内，上方短柄矛头朝右，下方一把弯曲的剑，币文 P·CARISIVS·LEG·PRO·PR。

图 4 - 1　奥古斯都统治时期的狄纳里银币

方国家的影响下，开始对正面胸像更加青睐。尤其在优士丁尼货币改革以后，索利多金币的正面币图一般使用正面胸像（见图4－2），侧面胸像仅在银币和小面额铜币上出现过。

注：该币打制于公元527年至公元565年，重4.45克，直径20毫米，迦太基造币厂。钱币正面是帝王头戴盔甲胸像，手持十字宝球和盾牌，币文 DN IVSTIN-IANVS PP AVI；背面是天使像（男性），手持十字宝球和长十字架，右方有芒星，币文 VICTORIA AVGGG，下方有标记 CONOB（君士坦丁堡足金）。

图4－2　优士丁尼统治时期的索利多金币

从侧面胸像到正面胸像的演变，具有重要的文化内涵。在正面胸像中，皇帝的眼睛直视前方，目光平静空洞，面部表情呆板冷滞。与侧面胸像相比，其在视觉感受上更具威严和精神力量，更能表现出君权神授下君王所具有的崇高和神圣的特性。[①]

这种特殊的政治意识形态也解释了为何在拜占庭造币上皇帝的个人特征受到抑制，生动求真的肖像图很罕见。在大多数货币上，世俗统治者五官和表情的刻画比较含糊，仅胡须的多少和形状有所区别。唯一的例外是福卡斯发行的索利多金币，其正面胸像的刻画似生动的人物头像素描。

---

① ［英］菲利普·格里尔森. 拜占庭货币史 ［M］. 武宝成，译. 北京：法律出版社，2018：45.

二、皇帝的衮服

在拜占庭帝国，皇帝的衮服大致可以分为民事、军事和行政三类，代表服饰分别是"克兰米斯"斗篷、"帕鲁达门托姆"军用斗篷和盔甲，以及绣有精致花纹的执政官长袍"劳斯"。

其中，"克兰米斯"斗篷呈紫色，长及脚踝，绣着大量刺绣花纹，且正面常常装饰着两块图案精美被称为"坦布里"的织锦（见图4-3）。"帕鲁达门托姆"斗篷常与盔甲搭配（见图4-4），其样式和颜色与"克兰米斯"斗篷很相似，但与后者不同的是，它没有"坦布里"织锦作为装饰物。执政官长袍"劳斯"是由古代的宽外袍"托加"演变而来的，是一种缠绕在身体上的巨大繁复的披风。

注：该币打制于公元610年至公元612年。钱币正面是希拉克略、赫拉克洛纳斯、君士坦丁三世站像，其中希拉克略位于中央，赫拉克洛纳斯位于左侧，君士坦丁三世位于右侧，三人均穿着"克兰米斯"斗篷，手持十字宝球。背面是三级台阶上十字，币文 VICTORIA AVGU，造币厂标记 CONOB，分币厂标记 S（6）。

图4-3 希拉克略统治时期的索利多金币

在6世纪时，造币上的皇帝站像有时穿着"克兰米斯"斗篷；皇帝正面胸像常常身穿盔甲，戴着头盔，手拿盾牌。7世纪时，币图逐渐远离纯粹的军事元素。在公元613年，盔甲从索利多金币上消失了，而且后来只在君士坦丁四世和提比略三世

注：该币打制于公元582年至公元602年，重2.29克。钱币正面是帝王头戴盔甲侧面胸像，面朝右，币文 D N MAVRICI P P AVI；背面是胜利女神向右行走像，眼睛看向左方，手持十字宝球和花环，币文 VICTORIA AVGG，造币厂标记 CONOB。

图4-4　莫里斯统治时期的塞米斯金币

统治时期被短暂启用过。在莫里斯统治时期，盔甲外常搭配"帕鲁达门托姆"军用斗篷。此外，有时皇帝侧面胸像也身穿"帕鲁达门托姆"军用斗篷。

至于执政官长袍（见图4-5），它的使用与执政官这一官职的发展密不可分。在6世纪初，古罗马时代保留下来的"执政官"一职，已从实权掌握者变成了一个虚名，主要负责首都节庆日的筹办。后来，贵族们不愿为了虚名而自掏腰包，于是，在公元539年，这一官职便彻底消失了。

注：该币打制于公元579年，为执政纪念币，重4.43克。正面是皇帝正面胸像，身穿执政官长袍，手持圣土袋和鹰首权杖，币文 CONSTANT AGG UIU FELIX；背面是四级台阶上十字架，币文 VICTOR TIЬERI AVG，造币厂标记 CONOB。

图4-5　提比略二世统治时期的索利多金币

在优士丁尼在位的第 13 年，一代一代相传的执政官制度终于中断了。从优士丁尼专治的脾气来看，他可能会高兴，因为一个促使罗马人想起他们古代的自由的头衔终于在不声不响中消失了。①

执政官一职的消失，使得之后的几十年间，除了个别执政纪念金币，常规发行的钱币上很少再出现执政官长袍。直到 7 世纪末优士丁尼二世统治时期，执政官长袍再次出现在货币上，并且在接下来的几个世纪里，和"克兰米斯"斗篷一起成为了皇室衮服的两个典型代表。

三、皇权象征物

除了衮服之外，冠带、王冠、十字宝球和圣土袋也是皇权的象征物。对于冠带和王冠，起初这两者有所区别，其中，王冠象征着胜利而不是皇权。然而，到了拜占庭早期，它们实际上已通用了。在 6 世纪的钱币上，冠带前方的三叶形宝石饰物被十字架取代了，头像后方垂悬的冠带末梢也消失了。

在优士丁尼一世以后，币图中的皇帝一般手持十字宝球。不过，该宝球在当时并不是一种真实的存在，只是纯粹的象征物，蕴含着整个世界和海洋都在皇帝管辖之下之意。直到公元 1014 年，这个人们早已熟知的拜占庭造币上的象征物才成为一个真实的存在。这一年，教皇本尼迪克特八世制作了一个真实的宝球，并在皇帝亨利二世的加冕仪式上作为礼物送给了他。

圣土袋也是皇权象征物。通常，袋中装有些许尘土，旨在警示世人：即便是皇帝也会终归尘土。圣土袋有时被描述为"玛帕"方巾。后者常被用于圆形露天竞技场中的比赛，其功用

---

① ［英］爱德华·吉本. 罗马帝国衰亡史［M］. 黄宜思和黄雨石，译. 北京：商务印书馆，1997：575.

非常类似我们现代赛跑比赛中发令员的信号枪，由执政官或皇帝将"玛帕"方巾投出作为比赛开始的信号。在利昂提奥斯发行的造币上，圣土袋第一次出现，其形状似一卷丝绸，末端饰有珠宝。直到帝国的灭亡，圣土袋一直都是王权的主要象征标志之一。

权杖作为皇权的象征物，可能来源于牧羊人的牧羊棍，表示君主有牧民的职责。在 6 世纪，鹰首权杖和"玛帕"方巾是常见的执政官象征物。在福卡斯发行的造币上，鹰首权杖被短十字架权杖取代了。在 11 世纪，铸币上还出现了其他样式的权杖，例如设计简单的长十字架权杖、饰有军旗的权杖等。

四、皇帝的位次

通常，在拜占庭钱币上，皇帝要么单独出现，要么与某些神祇或世俗同僚一同出现（见图 4 - 6）。在后一种情况中，他们在币图中的位置清楚地表明了各自的地位。

注：该币打制于公元 582 年至公元 602 年。正面为皇帝莫里斯和妻子君士坦提娜的正面站像，莫里斯位于左侧，手持十字宝球，君士坦提娜位于右侧，手持十字权杖，币文 XEPCWNOC；背面为大个头价值标记 M，皇子狄奥多西位于价值标记左侧，手持权杖。

图 4 - 6　莫里斯统治时期的弗里斯铜币

当币图中有两位皇帝时，从观币者角度看，地位较高的皇帝位于左侧；若同时有三位皇帝，居中者为上，次高者位于左侧。当女皇帝或皇后在币图中出现时，若仅有两位人物，从观币者角度看，皇后位于右侧；若同皇帝、王位继承人一同出现，她的位次最低。

一般情况下，人物像的大小也与该人物的地位相对应，比如，幼帝的肖像通常比老皇帝的更小些，但也有例外。例如，在君士坦丁八世发行的钱币上，有时他的肖像比其年幼的儿子罗曼努斯一世的肖像小。不过，他在币图中的位置却比后者更尊贵。

然而，上述规则只有当肖像是正面像时才有效。如果币图中的人物正在进行某项活动，这时除了要考虑人物地位的高低，还需考虑其他因素。例如，当耶稣基督或圣母玛利亚为皇帝加冕时，由于只能用右手，所以他们的画像就只能位于左边。

第二节　宗教统治者图案

在罗马帝国时期，铸币的背面往往印着与古老的多神教信仰相关的图案。到了优士丁尼王朝时期，随着索利多金币上胜利女神像先后被天使像（优士丁一世统治时期）和十字架图案（提比略二世统治时期）所取代，背面币图越来越基督化了。不过，典型的耶稣基督胸像直到7世纪末优士丁尼二世统治时期才第一次出现在造币上。

一、多神像

古罗马人所信奉的宗教是多神教，其形成于公元前8世纪荷马史诗时期，与奥林匹斯山上的诸神相关。在公元2世纪至3世纪，诸神的图案被广泛用在罗马钱币上。在拜占庭钱币上，被保留下来的多神教图案主要包括胜利女神站像（见图4-7）和君士坦丁堡女神的坐像。

注：该币打制于公元491年至公元518年，重4.41克，君士坦丁堡造币厂。钱币正面是帝王头戴盔甲胸像，手持十字宝球和盾牌，币文 DN ANASTA – SIVS PP AVG；背面是胜利女神向左行走像，手持长十字架，右方有芒星，币文 VICTORI – A AVGGG，下方有标记 CONOB（君士坦丁堡足金）。

图4 – 7　阿纳斯塔修斯一世统治时期的索利多金币

在拜占庭帝国早期的造币上，可以看到胜利女神像，其经典的形象是长着一对翅膀，仿佛从天上徜徉而下，面向左或向右，手中举着花环。受基督教的影响，有一些铸币中胜利女神手持十字宝球或长十字架。公元420年，胜利女神像被用于钱币，并于5世纪晚期成为索利多金币背面的主要币图。

除了索利多金币，胜利女神像还出现在了君士坦丁堡造币厂打制的纪念银币上。在币图中，为庆祝打败波斯的巨大胜利，胜利女神正为皇帝加冕。在希拉克略统治时期，胜利女神像最后一次出现在拜占庭造币上，是在迦太基打制的一种小银币的背面，意在庆祝希拉克略战胜了福卡斯。

此外，在阿纳斯塔修斯一世和优士丁二世统治时期，钱币上还曾出现君士坦丁堡守护神的坐像。君士坦丁堡守护神为女性，与古罗马城守护神不同的是前者的右脚放在倒扣着的船的船首上。

二、天使像

在优士丁一世统治时期，金币索利多的背面币图胜利女神像被天使像取代了，而且从侧面像变成了正面像。然而，在低面额金币和由其他金属制成的造币上，胜利女神像仍被保留着。

币图中的天使像，代表的是神所的天使长米迦勒，其典型的形象是人形，长有翅膀，目视前方，一手持有长十字架，另一手持有十字宝球（见图 4 - 8）。由于天使是男性，胜利女神是女性，为了体现性别的变化，原币图中胜利女神胸部下方的高腰束带消失了。

注：该币打制于公元 527 年至公元 565 年，重 4.45 克，直径 20 毫米，迦太基造币厂。钱币正面是帝王头戴盔甲胸像，手持十字宝球和盾牌，币文 DN IVSTIN-IANVS PP AVI；背面是天使像（男性），手持十字宝球和长十字架，右方有芒星，币文 VICTORIA AVGGG，下方有标记 CONOB（君士坦丁堡足金）。

图 4 - 8 优士丁尼统治时期的索利多金币

在优士丁尼统治早期，金币继续沿用了天使持长十字架像，然而，后来该图被基督持权杖像取代了。在优士丁二世统治时期，君士坦丁堡女神坐像再次出现，然而，由于古代传统已逝去久远，当时的人们并不清楚该女神的身份，故将其与维纳斯女神作比。后来，提比略二世又将该图改为了台阶上十字架。到了莫里斯和福卡斯统治时期，重新启用了优士丁尼时期的天使像。

三、十字架

作为主要的造币图案，十字架的使用远远早于耶稣基督或其他圣徒的图像。早在公元420年，拉丁十字架曾作为徽章图案出现在索利多金币上，当时是由胜利女神手持着。在提比略二世统治时期，金币背面的君士坦丁堡女神坐像被台阶上十字架所取代（见图4-9），并在7世纪成为了索利多金币的主要图案。

注：该币打制于公元579年，为执政纪念币，重4.43克。钱币正面为皇帝正面胸像，身穿执政官长袍，手持圣土袋和鹰首权杖，币文CONSTANT AGG UIU FE-LIX；背面是四级台阶上十字架，币文VICTOR TIbERI AVG，造币厂标记CONOB。

图4-9　提比略二世统治时期的索利多金币

在莫里斯统治时期，除了金币和铜币，平头十字架开始出现在银币上，其或位于花环内，或被一圈波点纹环绕（见图4-10），

注：该币打制于公元582年至公元584年，重1.04克，直径15毫米。钱币正面为皇帝正面胸像，头戴头盔，币文D N TIB MAVRIC P P A；背面为波点纹环绕平头十字，币文SALVS MVNDI。

图4-10　莫里斯统治时期的1/2西力克银币

或位于两棕榈枝之间。在狄奥菲鲁斯时期，十字架作为造币的主要图案消失了。从那以后，它就仅仅是造币上的人物所持有的一个标志物了。

在拜占庭的艺术史中，十字架始终是一种纯粹的宗教象征，与西方相比，其形式没有发生太大的变化。除了上文提及的拉丁十字架、台阶上十字架和平头十字架，在11世纪末的造币上，还出现了蓓蕾十字架。

四、其他辅图

除了十字架之外，基督符、耶稣基督像、圣母玛利亚像和其他圣徒像也是常见的基督化类币图。不过，在优士丁尼王朝时期，基督像、圣母玛利亚像及其他圣徒像还没有开始出现在铸币上。

至于基督符，早在4世纪中叶马格嫩提乌斯统治时期，便在造币上出现了，但其所扮演的角色却没有十字架那么重要。通常，基督符是一种附属图案，一般位于由皇帝或天使手持着的权杖或宝球上，主要有四种形式："☧""✳""⳨"和"✳"。

不过，偶尔，基督符也会被作为造币的主要图案，比如在6世纪的一些意大利银币上（见图4–11）。在提比略二世统治

注：该币打制于公元552年至公元565年，重1.35克，拉文纳造币厂生产。钱币正面是皇帝侧面胸像，币文DN IVSTINIANVS PP AV；背面为位于花环内的大个头基督符。

图4–11　优士丁尼一世统治时期的1/2西力克银币

时期，东部发行的纪念币也使用了大个头基督符作为主要币图，以取代古代多神教或与军事主题相关的"VOTA"币图。在莫里斯统治初期，基督符仍被继续作为背面币图，但后来被平头十字架取代了。

此外，在6世纪的弗里斯铜币上，还常常会出现诸如新月和六角芒星等附属符号。关于新月和六角芒星的来历，相传公元前340年拜占庭古城被马其顿的腓力二世围攻，狩猎与月之女神阿特弥斯带着新月和六角芒星从天而降，击退了腓力的大军，从此，新月和六芒星成为拜占庭古城的象征和标志。从公元前1世纪起，这个标志开始出现在货币上。

依照传统，星形常在庆典场合使用。所以，当钱币上出现该图案时，说明该币的发行与某个特别的庆祝时刻有关。具体来讲，这些造币的发行日期或与开始执政的年份重合，或与执政官就职的年份重合，或与某个执政周年年份重合。比如，在优士丁二世执政的第1年至第2年，迦太基打制的弗里斯铜币就有星形图案；在优士丁二世执政第11年至第12年发行的弗里斯铜币上，亦如此。尤其在安条克造币厂生产的造币上，新月和六角芒星图案非常醒目（见图4-12）。

注：该币打制于公元527年至公元565年，安条克造币厂生产。钱币正面是皇帝侧面胸像，币文DN IVSTINIANVS PP AV；背面是大个头价值标记M，左右两侧各有一颗芒星。

图4-12　优士丁尼一世统治时期的弗里斯铜币

第三节　币文

一、币文风格

拜占庭造币上的铭文是在罗马帝国晚期造币铭文的基础上
发展起来的，表现为拉丁风格，使用拉丁语和拉丁字母；后来，
逐渐演变成希腊风格，使用希腊语和希腊字母。

5 世纪时，造币上已经开始出现希腊字母了（见图4－13）。
例如，在巴西利斯库斯的造币上，"b"代表"B"（即2），"ч"
代表"V"（即5）。但从整体上看，这一时期的币文仍以拉丁字
母为主，且遵循了拉丁语没有断句的传统。

注：该币打制于公元475年至公元476年，君士坦丁堡造币厂生产。钱币正面
是皇帝正面胸像，币文 DN BASILISCUS PP AVG；背面为胜利女神手持长十字架向
左行走像，币文 VICTORI－A AVGGG，分币厂标记 Γ（希腊字母），造币厂标记
CONOB。

图4－13　巴西利斯库斯统治时期的索利多金币

到了6 世纪，在那些位于希腊语区的造币厂生产的铸币上，
花押、造币厂名字、价值标记也开始采用希腊字母，不过，币
面上的其他内容几乎自始至终都是拉丁文。

从7 世纪开始，币文中希腊字母的使用日渐增多，但因希

腊语与拉丁语有很多通用的字母，所以我们并不总是能轻易地分辨出这些希腊字母。到了 11 世纪末，造币上用希腊字母拼写的拉丁词悉数消失了（见图 4 - 14）。

注：该币打制于公元 1081 年至公元 1118 年，帖撒罗尼迦造币厂生产。钱币正面是基督正面坐像，币文 + KE RO - HQE［I］；背面为皇帝正面站像，手持十字宝球和军旗，上方有上帝之手，左侧币文 A LE ZI W - EC PO T，右侧币文 TW KO MNH N。

图 4 - 14　阿莱克修斯一世统治时期的海伯龙金币

二、币文构成

在钱币上，币文主要表达了两种信息，或为君主或宗教人物的姓名和头衔，或为用于表达敬意、祝福的赞美词。

在 6 世纪，金、银和铜三种铸币的正面铭文一般是以 "DN"（代表 "Dominus Noster"，意为 "我主"）开头，以 "PPAVG"（代表 "Perpetuus Augustus"，意为 "万岁奥古斯都"）结尾，皇帝姓名置于二者之间。后来，随着希腊语逐渐取代拉丁语，"DN" 和 "PPAVG" 等字样不再使用，取而代之的是 "BACIΛ ϵVS"（巴塞勒斯，意 "王者执政官"）、"Δ ϵCΠOTIC"（专制君主）、"AVTOKRATOP"（独立统治者）等头衔用语。

在优士丁二世去世前，金币背面的传统铭文一直为 "VIC-TORIA AVGVSTORVM"（胜利奥古斯都们），或其缩写形式 "VICTORIA AVCCC"。在该时期，字母 "G" 常被写成 "C"。最初，该字样指的是构成币图的胜利女神像；后来，它的使用被固定了下来。即便在优士丁一世统治时期，当天使像取代了胜利女神像之后，或在后来它被某些样式的十字架取代后，该字样仍在继续使用。

在帝国东部，银币背面的传统币文为拉丁文赞词"GLORIA ROMANORVM"（光荣的罗马人）。在优士丁尼统治时期，为了取代汪达尔人的银币，迦太基造币厂生产了大量银币，其背面印有字样"VOTA"（誓愿）。在 6 世纪末，还出现了"FELIX REPVBL"（幸运的国家）和"LVX MVNDI"（世界之光）等赞词。在意大利半岛打制的银币上，其背面没有铭文。

铜币的背面通常也没有铭文。不过，在阿纳斯塔修斯和优士丁一世统治时期，10 努姆斯铜币上印有字样"CONCORDI（A）"（和谐）；在迦太基造币厂打制的 10 努姆斯铜币和 5 努姆斯铜币上，有些印有字样"Victoria or Victoria A（U）G"（胜利）。优士丁二世统治时期，在迦太基生产的弗里斯铜币和 1/2 弗里斯铜币上，边缘空白处还印着"VITA"（生命）字样。

三、帝王的花押

在铜币上，偶尔可见帝王的花押字（见图 4 – 15）。帝王的花押包含了统治者姓名的部分或所有字母。在造币上，花押字

注：该币打制于公元 578 年至公元 582 年，安条克造币厂生产。钱币正面是帝王的花押；背面为大个头价值标记 U。

图 4 – 15　提比略二世统治时期的 5 努姆斯铜币

的使用最早出现在狄奥多西二世统治时期，并且是作为努姆斯铜币的背面图案。

在5世纪至6世纪时，花押字作为正面主要币图，实际上仅被用于努姆斯铜币和5努姆斯铜币，由于时常位于原皇帝肖像所在的位置，所以可以看做是皇帝肖像的代表。到后来，它才作为辅助符号常出现在弗里斯铜币上。

广义而言，花押字可分为三种类型（见表4-1）：（1）盒状花押。该类花押的图案设计环绕着一些方形的字母，如"N"、"H"和"Z"。（2）十字架状花押。该类花押的字母位于十字架臂膊上。（3）条状花押。这类花押含有一个直立的类似"h"或"T"的字母。

在5世纪至6世纪，拜占庭趋于使用盒状花押；7世纪至8世纪趋于使用条状花押（见表4-1）。但这种区分也并不是绝对的，因为有一些花押字不属于上述两种中的任何一种。十字架花押从优士丁尼一世统治中期开始出现。值得一提的是，似乎没有哪一种花押字可被视为唯一的官方花押，因为有些皇帝在造币上使用了好几种不同类型的花押。

表4-1　　公元6世纪至8世纪帝王花押的主要样式

统治者		盒状	条状	十字架状
阿纳斯塔修斯一世（公元491年至公元518年）		𝕹		
优士丁一世（公元518年至公元527年）		𝕹 𝕹		
优士丁尼一世（公元527年至公元565年）		𝕹 𝕹 𝕹		✠
优士丁二世（公元565年至公元578年）	单独出现	𝕹		✠ ✠
	和索菲亚一同出现	𝕹 𝕹		
提比略二世（公元578年至公元582年）莫里斯·提比略（公元582年至公元602年）				✠

续表

统治者	盒状	条状	十字架状
福卡斯（公元 602 年至公元 610 年） 希拉克略（公元 610 年至公元 641 年）	⊢P HP HK	℞ ℞ ℞	⯐ ⯐ ⯐
希拉克略·君士坦丁（公元 613 年至公元 641 年）			土
君士坦斯二世（公元 641 年至公元 668 年）		Ⅱ Ⅱ	⯐
君士坦丁四世（公元 668 年至公元 685 年）		Ⅱ	
优士丁尼二世（公元 685 年至公元 695 年）		Ⅱ	✠
利昂提奥斯（公元 695 年至公元 698 年）		Ⅱ	✠
提比略三世（公元 698 年至公元 705 年）			✠
优士丁尼二世再次登基（公元 705 年至公元 711 年）			（同第一次执政）
菲利皮库斯（公元 711 年至公元 713 年） 阿纳斯塔修斯二世（公元 713 年至公元 715 年）			✠
狄奥多西三世（公元 715 年至公元 717 年）			✠

资料来源：［英］菲利普·格里尔森. 拜占庭货币史［M］. 武宝成，译. 北京：法律出版社，2018：52 - 53.

四、设计样式

在帝国早期，铭文通常分布在造币边缘，环绕帝王胸像或其他主要币图，字母小巧且工整。其中，西部的造币因循罗马旧制，在铭文外还饰有花环纹。若花环纹内侧还有一圈实线或波点纹，则可进一步确定该币打制于迦太基（见图 4 - 16）。在帝国东部，一些执政官纪念币上也出现了花环状边饰。这些造币发行于莫里斯在位第 20 年和第 21 年，并由君士坦丁堡和尼科美底亚造币厂制造。

注：该币打制于公元 537 年至公元 552 年，迦太基造币厂生产，重 1.1 克，直径 13 毫米。钱币正面是皇帝侧面胸像，面朝右；背面为大个头花押。

图 4 – 16　优士丁尼统治时期的 1/2 西力克银币

在帝国中后期，受伊斯兰国家造币的影响，银币背面的主要币图逐渐消失，取而代之的是布满底板的几行铭文。具体来讲，在利奥三世统治时期，米拉伦斯新银币上出现了 5 行铭文"LEON/S CONSt/ANTINE E/CQEU bA/SILIS"（蒙神之恩利奥和君士坦丁为国王）（见图 4 – 17）。此后，一直到 10 世纪，银币背面的币图通常由几行铭文构成。

注：该币打制于公元 717 年至公元 741 年，君士坦丁堡造币厂生产。钱币正面为三级台阶上十字架，铭文 hISUS XRISTUS NICA；背面为五行铭文 LEON/S CONSt/ANTINE E/CQEU bA/SILIS。

图 4 – 17　利奥三世统治时期的米拉伦斯银币

在狄奥菲鲁斯统治时期，相似的铭文样式开始出现在弗里斯铜币上，并位于传统价值标志"M"的位置。然而，到了十一世纪，将铭文作为主要币图的做法就消失了，从此再也没有机会出现在金币上。

在 13 世纪至 15 世纪，拜占庭的造币深受西方法兰克、威尼斯等拉丁国家造币的影响，广泛地使用了诸如小球、新月、十字架等暗记。例如，在安德罗尼库斯二世的造币上，背面印着一个十字架和四个小球，十字架四周环绕着一圈铭文，铭文由十字开头（见图 4 - 18）。

注：该币打制于公元 1282 年至公元 1328 年，君士坦丁堡造币厂生产，直径 21 毫米。钱币正面是安德罗尼库斯（左）和迈克尔（右）正面站像，铭文 ANΔPONIKOC MIXAHL；背面是十字架，在十字架分隔出的四个象限各有一颗小球，铭文 ANΔPONIKOC DECPOTIC。

图 4 - 18　安德罗尼库斯统治时期的阿萨瑞银币

第四节　其他标记

一、日期标记

在拜占庭造币上，正式标注日期的做法实际上仅发生于 6 世纪至 8 世纪。这一做法的出现部分归因于公元 537 年 8 月 31 日《优士丁尼新律 47 条》的实施。该法条规定，官方和法律文件的出台必须标示日期。由于钱币具有凭证性质，这一特征与法律文书很相似，因此，该法条出台以后，钱币上也开始出现用帝王即位纪年法表示的日期。然而，在 8 世纪以后，这一做法一度中断，直至在 13 世纪和 14 世纪初发行的几版造币上，才再次被短暂地启用。

同在日常生活中一样，造币上的日期也有两种表示方法：一种是帝王即位纪年法，另一种是税收年纪年法。用第一种方法表示的日期，会随着皇帝的更替而变化。然而，它不是将前任君王逝世次日作为起始之日，而是从统治者被授予"奥古斯都"称号之日起开始计算，称为某帝元年、二年、三年。用帝王即位纪年表示的造币日期常与标记"ANNO"一同出现，有时也会使用"VOT"。

用第二种方法表示的日期，顾名思义，与国家征收捐税的时间有关。在戴克里先统治时期，为了保证国家税收数量的相对稳定，立法规定每 5 年调整一次税收数量。后来，在君士坦丁统治时期，进一步将税制调整的时间间隔改为 15 年，从此，帝国以公元 312 年 9 月 1 日作为税收周期的开始时间，每隔 15 年一个周期满，开始下一个周期。用税收年纪年法表示的日期常与标记"IND"一同出现。

在 6 世纪至 8 世纪，拜占庭大部分地区发行的造币，使用了帝王即位纪年法来表示日期。仅来自库梓科斯（优士丁一世时期）、迦太基（莫里斯时期）和西西里岛（君士坦斯二世及之后的时期）的造币，使用过税收年纪年法表示的日期。

公元 582 年，莫里斯发行的索利多金币，正面和背面同时出现了帝王即位纪年和税收纪年年份（见图 4 – 19）。然而，由于莫里斯执政第一年（公元 582 年 8 月 13 日至公元 583 年 8 月 12 日）几乎与新一轮税收纪年的第一年（公元 582 年 9 月 1 日至公元 583 年 8 月 31 日）重合，所以，两种纪年的标记都为"IΔ"。

注：该币打制于公元582年，迦太基造币厂生产。钱币正面是皇帝正面胸像，币文 D N mAVRI – C T P P，即位纪年 AN IΔ；背面是天使正面站像，币文 VICTORI – A AVGG，税收纪年 IΔ。

图 4 – 19　莫里斯统治时期的索利多金币

二、价值标记

在公元498年至公元512年的货币改革中，阿纳斯塔修斯首次将大个头价值标志作为铜币背面的主要币图。该价值标记一般使用希腊数字表示，其中弗里斯的价值标记是"M"（见图4 – 20），1/2弗里斯的价值标记是"K"，1/4弗里斯的价值标记为"I"，1/8弗里斯铜币的价值标记为"ϵ"，它们分别表

注：该币打制于公元498年至公元507年，重8.47克。钱币正面是帝王胸像，币文 DN ANASTASIVS P P AVG；背面印着价值标记"M"，代表40努姆斯，标记上方有一十字架，下方有标记 CON（君士坦丁堡）。

图 4 – 20　阿纳斯塔修斯统治时期的弗里斯铜币

示铜币基本单位努姆斯的对应倍数 40、20、10 和 5。

　　其实，这一做法是对罗马共和国惯例的自觉复兴。因为在一些来自元首制时期的已磨损的塞斯特提和都蓬第铜币上，有时也会发现罗马数字标记"LXXXIII"（83）或"XLII"（42）。

　　在阿纳斯塔修斯一世之后，价值标记被继续使用了 300 年之久。在此期间，铜币序列中又增加了价值标记"Λ"（30）。有时，罗马数字"XXXX"（40）、"XXX"（30）、"XX"（20）、"X（10）"和"V"（5）也会被重新启用作为价值标记。

　　除此之外，在个别地方造币厂生产的钱币上，还出现了其他序列的价值标记。例如，在亚历山大，造币上常出现"IB"（12）、"S"（6）和"Γ"（3）。在帖撒罗尼迦，优士丁尼一世使用了价值标记"IS"（16）、"H"（8）和"Δ"（4）。在切尔森，7 世纪初的弗里斯和 1/2 弗里斯铜币上分别标有"H"（8）和"Δ"（4）。在迦太基，造币厂通常采用的价值标记是"XLII"（42），"XXI"（21）和"XII"（12）。

　　在拜占庭中后期，随着铜币的不断贬值，小面额铜币和其价值标记一同消失了。在利奥四世统治时期，仅价值标记"M"被继续使用，但此时的"M"已与其原先代表的含义"40 努姆斯"无关，只是铜币上的一个传统符号而已。到了狄奥菲鲁斯统治时期，造币背面币图发生了大的变化，价值标记"M"便彻底消失了。

三、造币厂标记

　　在拜占庭造币上，有时可以看到表示钱币生产地址的造币厂标记（见表 4-2）。该标记通常由造币厂名称的缩写或其他独特的字母构成，位于造币背面币图和边缘之间或底板空白处。

表 4-2　　　　　　　　　　　拜占庭造币厂标记

中文名	英文名	造币厂标记
君士坦丁堡	Constantinople	CON、K、P
帖撒罗尼迦	Thessalonica	THESSOB、TЄS、ѲЄS、ѲЄC、ѲS、Ѳ、T、S
切尔森	Cherson	XЄPCONOC、XЄPCωNOC；n̂、n̂x
尼科美底亚	Nicomedia	NIKOMI、NIKO、NIKM、NIC、NIK、NI 和 N、NIK、NIKOM、NIKOΔ
库梓科斯	Cyzicus	KYZ、KVZ、KY 和 K
安条克	Antioch	ANTIX、ANTX、AN；THЄЧPO、ѲVΠOΛS；℞、n̂
塞琉西亚	Seleucia	SЄLIŚ、SЄL′
亚历山大勒塔	Alexandretta	ALЄAZAΔ
耶路撒冷	Jerusalem	IЄPOC OΠ′、XCNIKA
塞浦路斯	Cyprus	KVΠPOV、KVΠP、KVΠP′、KVΠ、CΠP
亚历山大	Alexandria	AΛЄZ、ABAZ、ΠON；AΛZOB
迦太基	Carthage	KART、KAR、CAR；KRTG、CRTG、KTG、CT、K、KΓω、C
西西里岛	Sicily	SECILIA、S C̄L˟、SC˟、SCL、CIK′ 和 CI；CAT；CVPAKOVCI、CP
那不勒斯	Naples	NG
罗马	Rome	ROM、RM
拉文纳	Ravenna	RAVENNA、RAVEN、RVEN、RAV、RAB、RA

资料来源：〔英〕菲利普·格里尔森. 拜占庭货币史〔M〕. 武宝成，译. 北京：法律出版社，2018：32-34.

　　纵观拜占庭货币史，造币厂标记的使用最早可追溯至 3 世纪中叶。它的出现与帝国疆域的扩张密不可分。随着帝国不断向周边扩张，疆域越来越辽阔，故而在实践中，很难真正实现造币的集中制造，只能在各地设立皇家造币厂以满足地方的货币需求。所以，当整个帝国都在打制相同形制的造币时，出于行政管理和预防假币的考虑，很有必要标识造币的产地。

最初的造币厂标记很简单，如"ANT"，"R"或"ROM"，"SISC"等。在4世纪，它们变得越来越复杂，设计中融合了很多元素，如表示"足金"的字母"OB"和分币厂标号等（见图4-21）。在5世纪及之后，这些复杂的造币厂标记消失了，大多数造币厂标记仅由造币厂字母简写构成。在8世纪，造币厂标记停止使用，且再没有被重新启用。

注：该币打制于公元527年至公元565年，重4.45克，直径20毫米，迦太基造币厂。钱币正面是帝王头戴盔甲胸像，手持十字宝球和盾牌，币文DN IVSTIN-IANVS PP AVI；背面是天使像（男性），手持十字宝球和长十字架，右方有芒星，币文VICTORIA AVGGG，下方有标记CONOB（君士坦丁堡足金），币文后印着分币厂标记"IA"（11）。

图4-21 优士丁尼统治时期的索利多金币

需要说明的是，虽然造币厂标记蕴含着有关钱币生产地址的信息，然而，有时因循旧制，造币厂标记显示的地址信息与实际的生产地址并不一致。例如，标记"CONOB"（表示君士坦丁堡足金）最初仅出现在君士坦丁堡造币厂生产的金币上。然而，在6世纪，它还出现在了地方造币厂生产的金币上。这是因为早些时候君士坦丁堡是唯一生产金币的地方，当后来地方造币厂也开始大规模生产金币时，在金币上使用标记"CONOB"的做法已深入民心，于是各地便因循旧制，继续沿用这个标记。

四、分币厂标记

在罗马帝国晚期和拜占庭帝国早期，为了便于行政管理，一些规模较大的造币厂会设置数个分币厂。例如，公元294年，戴克里先进行货币改革后，安条克造币厂的分币厂数量为8个。公元324年，君士坦丁一世控制了安条克造币厂，其分币厂的数量扩制至10个；公元347年，又进一步扩大至15个。

在6世纪，安条克造币厂仅由4个分币厂构成。君士坦丁堡造币厂则有10座生产索利多金币的分厂，5座生产弗里斯铜币的分厂。各个分币厂相互关联，形成了一个体系。例如，在君士坦丁堡，印着不同分币厂序号的索利多金币往往有相同的正面币图，有时弗里斯铜币亦如此。

分币厂标识一般由一个简单的希腊数字构成，偶尔是拉丁数字。例如在君士坦丁堡造币厂生产的金币上，分币厂标记通常由字母"A－I"（即1－10）构成（见图4－22）。优士丁尼统治时期，在个别行省打制的金币上，出现了字母"IA"（11）

注：该币打制于公元527年至公元558年，君士坦丁堡造币厂。钱币正面是帝王头戴盔甲四分之三胸像，手持矛和盾牌，币文 DN IVSTINI – ANVS P P AVG；背面是天使像（男性），手持十字宝球和长十字架，右方有芒星，币文 VICTORIA AVGGG，下方有标记 CONOB（君士坦丁堡足金），币文后印着分币厂标记"A"（1）。

图4－22　优士丁尼统治时期的索利多金币

和"IB"（12）字样。这是因为金币的打制最初仅限于君士坦丁堡。在6世纪，随着优士丁尼一世相继征服巴尔干、北非、意大利半岛和伊比利亚半岛部分地区，金币开始在各地打制。这些新设立的造币厂最初被认为是首都造币厂的附属，所以继续使用了其分币厂的编号。

有时，分币厂标记前方会出现字母组合"OF"。该字母组合来源于"OFFICINATORES MONETAE"，是对负责分币厂的官员的称呼。例如，在狄奥多西一世发行的个别造币上，印着"OF P"（即第一分厂）、"OF B"（即第二分厂）等标记。

一般来讲，分币厂标记在造币上出现的位置并不固定。在索利多金币上，分币厂标记一般出现在背面铭文的结尾处，其字母个头通常比其他铭文的大一些，且不在一条直线上。相比之下，在铜币上，除了个别情况之外，分币厂标记字母的大小往往与铭文一致，且在一条直线上，似乎说明从一开始便是设计的一部分。

第五章 优士丁尼王朝 货币的使用与流通

第一节 经济货币化

所谓的经济货币化，是指以货币为媒介的交易在经济活动中逐步增大的过程。由于数据的缺乏，我们很难准确估算出优士丁尼王朝经济货币化的程度，但是根据考古发现和学者的记述，可以想象出当时货币广泛使用的情景。除了在商品交换领域，货币还被广泛用于税款、军费、官员俸禄及法典中的赔偿款等支付场景。

钱币的使用充斥着我们生活的方方面面，是我们日常交易的基础。每当我们买或卖任何东西的时候，都需要通过它来完成。[①]

一、税款的货币化

在优士丁尼王朝统治时期，税收名目繁多，其中常见的税收种类包括海关税、王冠金、元老奉职税、金银税、农业税、市场税和军役代役税等。这些税目的征收在很大程度上是遵循了"古制"，而不是在优士丁尼时代才开始出现的。例如，在

---

① Laiou, A. E. *The Economic History of Byzantium from the Seventh through the Fifteenth Century* [M]. Dumbarton Oaks, 2002: 217.

《狄奥多西法典》中，有关税收的规定便提到了土地税、海关税、洁净税、王冠金和奉职税等。

其中，海关税和王冠金是传统税收。海关税与我们现代意义上的关税相近，主要针对进出口货物征税。王冠金是皇帝在举行加冕大典或其他重大庆祝活动时向市民征收的税，所得税金主要用于铸造皇帝王冠。元老奉职税和金银税是从君士坦丁时期开始征收的，前者的征收对象是元老们，以其财产为基础，而后者主要针对城市工商业者征税，类似我国古代的"厘金"。市场税是瓦伦提尼安于公元444年推出的税种，是一种商品入市税。

在这些税种中，农业税是最重要的税收种类。可以说，在这一时期甚至整个中世纪，政府的财政收入主要来自土地和农民。在5世纪至6世纪，从土地和农业中获得的财政收入约是从工商业中获得的财政收入的20倍。[1] 另外，据史料记载，埃及和商业名城埃德萨规模相当，但后者征收的金银税仅相当于埃及土地税总额的5%。[2] 因此，农业税的货币化很具有代表性，不仅可以体现当时货币的供应情况，还可以通过税款的缴纳促进商品交易的发生，进而提高整个经济的货币化水平。

在拜占庭初期，农业税的缴纳以土地和人头为基本核算单位，是名副其实的土地人头税。大区总督会对本地土地和男丁的数量进行统计，并估算出各项农副产品的大致产量，然后根据国家对各类产品的需求进行摊派。为了适应地中海的气候条件，帝国财政年度的起止日期一般从9月1日至次年8月31日。土地税一般采用分期缴纳制，即分别在9月和3月前缴纳。这

① Hendy, M. F. *Studies in the Byzantine Monetary Economy c.* 300 – 1450 [M]. Cambridge: Cambridge University Press, 1985: 157.

② Laiou, A. E. *The Economic History of Byzantium from the Seventh through the Fifteenth Century* [M]. Dumbarton Oaks, 2002: 615.

是因为主要的粮食作物燕麦一般在 5 月底 6 月初成熟，土地拥有者卖掉粮食换回货币就可以赶在 9 月到来之前缴纳税款。然而，其他农作物，诸如葡萄、橄榄和水果，一般在 9 月或 10 月甚至更晚些时候才成熟，这样的话，土地拥有者无法赶在 9 月 1 日之前交税，只能等到来年 3 月缴纳税款。

在 3 世纪，帝国商品货币经济衰落。通货膨胀的发生和货币体系的瓦解，使得许多地区恢复了以物易物的交换方式。到了戴克里先执政时期，为了解决纳税人使用贬值货币缴纳税款带来财政损失的问题，农业税改为实物纳税，纳税人必须将应缴的实物运送至政府仓库。在君士坦丁一世执政时期，政府就已经事无巨细地规定了以货代款的征税方式，以及运送到公共储备地点的运输方式。

4 世纪至 5 世纪以后，帝国经济复苏，国家开始恢复部分货币税。在东方，《狄奥多西法典》中关于税收的征收方式包括实物征收和金银征收，其中对于大多数农村地区而言，主要缴纳实物税，而在城市地区则缴纳金银税。在狄奥多西二世统治时期，实物税和货币税的比例大约是 6.2∶1。直到阿纳斯塔修斯统治时期，农业税完全转变为用黄金支付。此后，优士丁尼延续了这一做法。

在西方，瓦伦提尼安三世于公元 429 年颁布法令，以迦太基为中心的毛里塔尼亚—斯提非斯行省采用黄金支付所有的赋税。公元 458 年，意大利半岛全境的农业税采用黄金支付。日耳曼人征服西罗马帝国后，曾一度扩大了货币的使用。例如，法兰克人征服高卢后继承了罗马帝国的税收制度，不仅征收土地税、贸易税和关税，还继续征收人头税。这些税目均使用货币缴纳，直到 7 世纪都是如此。

从经济角度考虑，用货币支付赋税相较于实物支付，能够简化国家收入与分配过程，并刺激当地商品经济的发展。更为重要的是，在金银短缺的时代，政府只有通过税收回收金银，才能进行军费和行政支付，最终完成货币流通的循环。

二、军费及官员俸禄

愿你们兄弟和睦相处，让士兵们都发财，不要管其他人。①

这是罗马帝国皇帝塞维鲁在临终前对两个儿子的嘱咐，强调要用重金犒劳军队以笼络人心。像任何一个朝代一样，军队和公职人员的薪酬是公共财政支出的主要构成，也是货币重新进入流通领域的重要途径。

拜占庭帝国财政的八成预算，几乎都用于支付士兵的薪金、制服、装备及补贴粮食和防止饥荒发生。农业税作为政府收入的主要来源，其税款的缴纳形式和规模也决定着军费及官员俸禄的支付方式。农业税是在每年的 9 月 1 日和 3 月 1 日前缴纳，而官员和士兵的薪俸是在复活节前的一周，即一般是 3 月和 4 月发放。不过，也有文献记载，早些时候每 4 个月发放一次。②

兵马一动，黄金万两，帝国庞大的军队和官僚体系成为纳税人沉重的经济负担。在帝国经济不景气时，极易引发严重的财政危机和兵变。早在罗马帝国时期，皇帝佩蒂纳克斯曾因缩减禁军的酬金而被叛乱的禁卫军所杀。在 3 世纪时，政权的频繁更迭更是与财政危机的发生密不可分。为了应对军费危机，皇帝们大多采用了货币贬值的做法。

最早采用货币贬值的办法应对军费危机的是 2 世纪末的亚历山大·塞维鲁。不过，值得一提的是，在塞维鲁统治时期，士兵们的工资水平很高，年薪为 500 狄纳里银币，折合 25 索利

---

① [美] 腾尼·弗兰克. 罗马经济史 [M]. 王桂玲和杨金龙，译. 上海：三联出版社，2013：108.

② Laiou, A. E. *The Economic History of Byzantium from the Seventh through the Fifteenth Century* [M]. Dumbarton Oaks, 2002：949.

多金币，且这仅仅是工资，不包含皇帝给予的额外奖赏。之后的卡拉卡拉萧规曹随，继续通过贬值货币的做法填补军费缺口，于是，狄纳里银币的含银量降到了 50%，通货膨胀愈演愈烈。公元 250 年以后，政府仍要求以黄金或白银来缴纳税款，但却时常以贬值的货币来支付自己的开支。

在 3 世纪戴克里先执政时期，迫于通货膨胀的压力，改征实物税，直接供应军队和政府。4 世纪至 5 世纪时，拜占庭帝国范围内大部分的农业税仍是以实物支付，故而士兵的薪酬同样为实物。在西方，瓦伦提尼安一世曾颁布法令，责令边防军一年中 9 个月接受实物口粮，其余 3 个月则是现金。相比于西方，直到公元 423 年东方官员的薪酬才开始使用黄金支付，但士兵的薪酬到了公元 439 年仍然是实物或贬值的银币和铜币。

6 世纪初，阿纳斯塔修斯一世规定农业税改为用黄金支付，于是，军队的支付也相应地走向货币化。从优士丁尼颁布的法令可以看出，这一时期工资的货币支付是常态，至少公职人员和军队的支付如此。例如，根据公元 534 年优士丁尼收复非洲大区后颁布的诏令，大区长官的年薪为 100 磅金，折合约 7200 索利多金币；大区长官参事的年薪是 20 磅金，折合 1440 索利多。在军事系统，的黎波里塔尼亚总督及其下属顾问的年薪合计 1582 索利多，指挥官的年俸是 33 索利多，普通百夫长是 16.5 索利多。[1]

三、法典中的赔偿金

如果一匹租来的马被人偷走，他（租马的人）必须赔偿这

---

① Laiou, A. E. *The Economic History of Byzantium from the Seventh through the Fifteenth Century* [M]. Dumbarton Oaks, 2002: 859.

匹马的价钱给马的主人，因为他本应该好好照顾这匹马。①

经济的货币化在法律中也有所体现。优士丁尼的法律改革是一项影响深远的成就。在公元 528 年至公元 565 年，《优士丁尼法典》《优士丁尼学说汇编》《优士丁尼法学总论》和《优士丁尼新律》的汇编对人的行为作出了详细的规范，为调解复杂的社会矛盾提供了法律手段，成为维系拜占庭帝国统治的有效工具。在这些法典中，罚金是一种重要的刑罚制度。从罚金刑的发展史中可以看出货币在经济生活的广泛使用。

罚金刑产生于原始社会末期，时值血亲复仇被赎罪制度所取代的年代。为了赎罪，犯罪人需向受害人支付一定数额的金钱作为赔偿，以免受其他惩罚。随后，赎罪涉及的金钱演变成两部分，一部分由犯罪人交给受害人，这便是后来的民事赔偿制度，另一部分则由犯罪人交给国家，这便是罚金刑的渊源。起初，罚金刑与赔偿制度并没有严格区分开来。

在《十二铜表法》中，有关诉讼保证金、罚赎金的缴纳都提到货币。所涉及的货币单位不仅有阿斯，还有塞斯特提。在《优士丁尼法典》中，罚金刑被大量适用于私人侵犯领域，包括定额罚金与倍数罚金两种。例如，就盗窃罪而言，对于现场抓获的盗窃者，处以物品价值 4 倍的罚金；对于非现场抓获的盗窃者，处以 2 倍的罚金等。

如果不做某事，你承诺给我 10 个金币作为罚金。如此一来，如果承诺者不履行其诺言，所约定的罚金依然有效。这是因为，一旦约定罚金，借款人所应考虑的不再是人与人之间的利害关系，而是要式口约中规定的罚金数额。②

---

① ［东罗马］优士丁尼. 学说汇纂（罗马刑事法）［M］. 薛军，译. 北京：中国政法大学出版社，2005：220 - 226.

② ［东罗马］优士丁尼. 法学总论：法学的阶梯 ［M］. 张企泰，译. 北京：中国政法大学出版社，1989：161 - 162.

　　在优士丁尼的法典中，类似的有关罚金的规定屡见不鲜，例如《法学总论》中提到，在公共通道上放置或悬挂某物，其倾倒或坠落伤害行人者，则处以 10 个金币的罚金。关于高空投掷或倾倒某物，一经抓获需赔偿 2 倍于所造成的损害；伤害自由人的生命的，处以 50 个金币的罚金；伤害其身体而未造成死亡的，由审判员根据具体情况基于公平原则估计罚金金额。

　　在公元 5 世纪末 6 世纪初，帝国西部诸日耳曼国家颁布的法典，也列举了各种违法犯罪应支付的赔偿金。例如，勃艮第王国颁布的《勃艮第法典》规定，每袭击一次自由人，需向受害者赔偿 1 索利多金币，同时向国王缴纳 6 索利多的罚金。法兰克王国颁布的《萨利克法》规定，盗窃一头猪仔而被揭发者，应罚款 120 枚银币，折合 3 索利多金币。①

四、和平赎买金

　　公元 3 世纪，罗马帝国以外的"蛮族"② 人口增长迅速，实力不断壮大，并对帝国边境构成了威胁。到了 4 世纪至 5 世纪，各"蛮族"大规模入侵罗马帝国，并纷纷建立了自己的王国。昔日的西罗马帝国便是在这样的大背景下走向了灭亡。继承了罗马衣钵的拜占庭帝国，局势也十分紧张，不仅要面对日耳曼诸部族的入侵，新兴的萨珊王朝也屡次入侵美索不达米亚。为了应对边患，避免直接交战，在 5 世纪至 6 世纪，拜占庭的统治者常常向敌人支付贡金以维持和平，或用金钱笼络"盟友"与敌人作战。

　　如有必要，帝国会向其他国家支付大笔贡金。公元 422 年，东部帝国便同意每年向后者（匈奴人）支付 350 磅黄金。公元

---

① 喻世红等．萨利克法典［M］．北京：法律出版社，2000：3.
② 罗马人常常将帝国以外的民族统称为"蛮族"。

437 年，这一金额又增至 700 磅黄金。①

在公元 441 年至公元 443 年，匈奴人首领阿提拉又先后两次率军沿多瑙河向拜占庭发动大规模进攻，后来双方议和，狄奥多西二世不仅答应立刻支付对方 6000 磅黄金，还将年贡从原来的 700 磅增至 2100 磅黄金。

公元 476 年，日耳曼人奥多亚克罢黜了西罗马帝国的最后一位皇帝，成为了意大利半岛的新主人。拜占庭皇帝芝诺为了防止奥多亚克势力壮大，同时也为了给东哥特人寻找安置地以缓解帝国自身危机，再度采取金钱外交，以 2000 磅黄金为代价让东哥特人狄奥多里克率军进入意大利半岛攻打奥多亚克。

公元 532 年，优士丁尼为了稳定东方和北方的边境，以集中兵力消灭建立在西罗马帝国旧址上的日耳曼人国家，不惜以 11000 磅黄金为代价，与波斯缔结了"永久和平协定"。然而，仅仅过去了 8 年，两国之间的和平便再次被打破了。公元 540 年，波斯库思老一世对拜占庭幼发拉底防线发动了突然袭击。按普罗柯比的说法，这次袭击的发生是因为库思老一世担心拜占庭帝国不断发展壮大。后来，公元 545 年，双方缔结了一个为期 5 年的停战协定。按照协定，拜占庭需支付黄金 2000 磅。

公元 547 年，库思老一世率军攻陷了拜占庭的要塞庇特拉，于是，双方再次重燃战火。公元 512 年，拜占庭军队重新夺回了庇特拉。此后，双方在高加索山麓又进行了 6 年的拉锯战。直到公元 561 年，波斯后方受到突厥人的威胁，而拜占庭也因东西两线作战而疲惫不堪，双方再次媾和，波斯放弃对科尔奇斯的领土要求，拜占庭同意每年向波斯支付黄金 1.8 万磅，有效期 50 年。

---

① Hendy, M. F. *Studies in the Byzantine Monetary Economy c.* 300 - 1450 ［M］. Cambridge：Cambridge University Press，1985：261.

公元 565 年，优士丁尼去世，优士丁二世继承了皇位。他打破了优士丁尼的政策，先后拒绝向阿瓦尔人和波斯支付贡金。库思老一世以优士丁二世撕毁条约、拒纳供金为名，率领波斯军进攻德拉城，于是，战事又启。经过 5 个月的厮杀，德拉城陷落。公元 573 年 11 月，优士丁二世在得知德拉城陷落后，变得精神错乱。公元 574 年，皇后索菲亚代表优士丁二世同波斯进行了和谈，同意支付 45000 索利多以换取一年的和平。公元 575 年，又同意在接下来 3 年每年支付 30000 索利多。

第二节　货币的流通

一、三个层次的货币用途

在优士丁尼时代，金银铜三种金属铸币的用途在很大程度上是相互分开的。银币在帝国东部仅用于比较罕见的仪典场合。铜币主要用于地方贸易和日常生活的小额开支。金币是皇室支付的主要工具，尤其在君士坦丁大帝货币改革后，被广泛用于流通、储备、税收、纳贡、官员们的工资支付及国际贸易。

理论上，多种货币形态同时存在，必然存在因贬值速度不一致而引发市场比价波动。如果市场比价与官方规定的固定比价不一致，极易引发大规模的套利活动，从而使整个货币体系承受巨大压力。然而，在拜占庭货币史上，这种情况似乎并没有发生。其中部分原因便是三种金属的用途是相互分开的，在一定程度上隔绝了套利的发生，使得拜占庭的货币体系相对比较稳定。

与此同时，金币、银币和铜币的不同用途还间接反映了其持有人本身的收入水平，甚至社会地位，最终关系到通货膨胀对不同社会阶层财富的影响程度。彼得·斯巴福德（1988）曾将 14 世纪之初欧洲货币的使用划分为三个层级：

贵族、官员和大商人使用金币；高工资水平的支付使用大银币；小银币用于日常生活小额开支和施舍。①

拜占庭帝国早期的货币流通在很多方面与中世纪的欧洲类似。例如，据莱沃（2002）描述，公元 613 年，拜占庭遇到饥荒，圣约翰"施舍者"作出如下货币支付安排：主教，1 磅黄金，折合 72 诺米斯玛金币；牧师和执事，6 诺米斯玛金币；其他职员和唱诗班成员，2 诺米斯玛金币；穷人仅能得到小铜币。② 在军队支出中，官员的薪酬一般用黄金支付，而士兵的薪酬往往是实物，或贬值的银币和铜币。在诸如上述的货币支付安排中，金币的价值最稳定，而银币和铜币却一直在贬值，所以，当发生恶性通货膨胀时，穷人和底层士兵往往首当其冲。

对于普通纳税人而言，三个层次的货币用途也使其利益受损。由于人们缴纳税金时，按规定需使用金币，因而不得不求助于货币兑换商，将日常交易中获得的银币或铜币按低价兑换成金币。这使得金币的持有者越来越富裕，而没有金币储备或薪酬的人日益贫困。不仅如此，有时帝国政府通过规定用黄金缴纳税款，变相地从百姓身上攫取货币税。例如，在 11 世纪，拜占庭政府要求当税额超过 8 米拉伦斯银币时，需用金币诺米斯玛缴纳。然而，在当时 8 米拉伦斯仅价值 2/3 诺米斯玛，所以，当百姓用 1 诺米斯玛金币缴纳税款时，政府需找回 1/3 诺米斯玛，可悲的是，纳税人收到的却是低价值或贬值的银币和铜币。

① Spufford, Peter. *Money and its Use in Medieval Europe* [M]. Cambridge：Cambridge University Press, 1988：241.

② Laiou, A. E. *The Economic History of Byzantium from the Seventh through the Fifteenth Century* [M]. Dumbarton Oaks, 2002：951.

二、货币的国内流通

任何人如果被发现熔化铸币或将铸币运输至其他地方售卖，将被判处为亵渎罪并处以罚款……任何从事贸易的商人都不允许携带超过 1000 弗里斯铜币的货币。一经发现，财物将悉数被没收，而本人也会受到惩罚。[①]

公元 337 年，君士坦丁一世去世，一场激烈的皇位争夺战在其子侄之间展开。各方势力割据一方，使得帝国原本的政治统一性和货币统一性走向崩溃。不同地区货币的大小、重量和价值各有不同，甚至连金银铜之间的比价也不尽相同，一时间货币投机活动猖獗。公元 353 年，君士坦提乌斯二世大败僭主马格伦提乌斯，成为了帝国唯一的统治者。为了遏制投机，公元 356 年，君士坦提乌斯二世出台了禁止商人携带铜币前往各处的规定。

在 6 世纪上半叶，优士丁尼不断加强以皇帝为中心的中央集权，将帝国钱币的生产集中于各地的官办工厂。于是，无论在哪里生产的货币都是帝国的法定货币。因此，优士丁尼在修订法典时，删去了君士坦提乌斯二世的上述规定。铜币开始在整个帝国范围内流通。从此，即便是亚历山大造币厂生产的面值极不寻常的货币，偶尔也会出现在埃及之外的地方。

在安条克，当地发行的货币数量占流通中货币总额的 62%，君士坦丁堡和邻近造币厂发行的货币量占 1/4 以上；在安塔基亚，地方造币厂生产的货币量仅占当地货币流通总量的 25%，首都和邻近造币厂生产的铸币提供了 57% 的货币供应量。[②]

---

① Hendy, M. F. *Studies in the Byzantine Monetary Economy c.* 300－1450 [M]. Cambridge：Cambridge University Press, 1985：291.

② Laiou, A. E. *The Economic History of Byzantium from the Seventh through the Fifteenth Century* [M]. Dumbarton Oaks, 2002：217.

　　以金币的打制为例,起初,金币的打制仅限于君士坦丁堡。然而,在6世纪上半叶,随着优士丁尼对巴尔干、北非、意大利半岛和伊比利亚半岛部分地区的再征服,金币开始在各地打制。其中,帖撒罗尼迦造币厂便生产过一系列非常稀有的索利多金币。这些金币所用的印模便是由君士坦丁堡造币厂提供的。

　　值得一提的是,由于铸币的生产和支付主要是为了满足国家财政和军队的需要,而不是为了方便大众①,所以,虽然帝国内部的行政区划和财政单位决定造币厂的分布,但其所生产的货币的最终流通范围更多地取决于它是在哪里支付的。由于军队是流动的,将领和士兵们手中的货币最终在何地被支付出去具有随机性,这也促进了不同造币厂生产的铸币在各地广泛流通。

三、建筑上的黄金消耗

　　从财政收入与支出构成看,拜占庭帝国通过税收和战争掠夺得到的黄金储备,除了用于购买武器装备、支付军人和官员俸禄外,还被大量消耗在公众工程和建筑活动上。尤其当黄金被作为建筑的装饰物时,将意味着该部分黄金退出了流通领域,这就如同黄金被窖藏,减少了帝国政府能够供应的金币的数量。

　　公元5世纪,狄奥多西二世的母亲在加沙修建了一座教堂和收容所。其妻子则重新整修了安条克的公共浴场。这两项工程合计花费了14400索利多。在6世纪,尤其在优士丁尼一世统治时期,帝国境内进行了大规模的建筑活动,其分布之广,工程之大,世所罕见。根据徐家玲的观点,这些建筑活动可以分为两类:一类是实用性的军事设施,如防务系统、道路等;另

---

　　① Hendy, M. F. *Aspects of coin production and fiscal administration in the late Roman and early Byzantine period* [J]. The Numismatic Chronicle, 1972 (12): 117 - 139.

一类是"装饰性"的建筑物，如修道院和教堂。① 这些公共工程的建设无一例外地耗费了大量金银。

以位于君士坦丁堡的圣索菲亚大教堂的重建为例，它始建于公元 325 年，是君士坦丁大帝为供奉智慧之神索菲亚而建造的。圣索菲亚大教堂建好之后，在后来的岁月里由于地震和火灾，经历了数次重修。尤其在公元 465 年，首都的一场大火，几乎毁坏了一半以上城区。在阿纳斯塔修斯统治时期，由于举国上下奉行节俭政策，首都的建筑工程几乎全部停止。到 6 世纪优士丁尼一世统治时期，该教堂已经非常破败了。更为糟糕的是，公元 532 年 1 月"尼卡起义"爆发，圣索菲亚大教堂首当其冲，在熊熊大火中，变得满目疮痍，瓦砾遍地。为了展现帝国的光辉形象，重建工程十分迫切。

安特弥乌斯（建筑师）作出了计划，他用他的天才指挥着一万双工人的手，用雪白的银子付给他们工价且从未迟过当天晚上。皇帝自己穿着一身亚麻布短装，每天都亲自查看工程的进度，并随时用他的关切、他的热情和他的报酬鼓舞工人更勤奋的工作。②

公元 532 年 2 月 23 日，距离教堂被摧毁仅一个月有余，优士丁尼一世便下令重建教堂，并投入了 1 万余名工人。5 年后，新教堂便建成了。然而，新教堂建成还不到 20 年，便再次接连遭遇了大地震。其中，公元 553 年 8 月发生的地震，使东面的半圆顶破裂，优士丁尼立即下令将之完全修复。公元 557 年 12 月和公元 558 年 5 月 7 日发生的两次地震，又使主圆顶彻底倒塌，优士丁尼再次派人将它修复。这一次的修复工程比较浩大，前

---

① 徐家玲. 早期拜占庭和查士丁尼时代研究［M］. 长春：东北师范大学出版社，1998：248.

② ［英］爱德华·吉本. 罗马帝国衰亡史［M］. 黄宜思和黄雨石，译. 北京：商务印书馆，1997：567.

后持续了 4 年。

从公元 532 年的重建到之后的不断修复，优士丁尼前前后后在圣索菲亚大教堂上的花费是惊人的。这座教堂非常富丽堂皇，它的穹顶和地面镶嵌着五彩缤纷的玻璃，柱顶和门廊的装饰品或包着金色的铜箍或直接镶着金箔。尤其是圣坛上的器皿，都用纯金铸成，上面还镶着珍贵的宝石。据说，为了修建这座教堂，优士丁尼共花费了 32 万两黄金，其中仅装饰便用掉了 16 吨黄金。①

四、工资和价格

有一位商人曾将价值 20000 索利多金币（约合 275 磅黄金）的货物出售以救济穷人。一位从事东方丝绸奢侈品的转运商人曾将 5000 金币（约合 70 磅黄金）留给其继承人。当时，一个平民只要有 4 到 5 个金币就能一年不愁吃穿。②

从 6 世纪到 13 世纪，拜占庭帝国的收入水平总体上比较稳定，但不同阶层之间的收入差距较大。从政府财政支出表上看，普通工人平均月工资约为 1 诺米斯玛，或每年 10 诺米斯玛，当然人们并不能保证一年 12 个月都有工作。具体来讲，在 4 世纪至 6 世纪，人均工资为 11.5 索利多；在 7 世纪至 10 世纪，为 7 索利多。

相比之下，社会上层的收入水平远远高于全国平均水平。据公元 534 年优士丁尼颁布的法条记载，在非洲，医生的年平均工资高达 99 索利多，而大区长官的年薪更是高达 100 磅黄金，折合约 7200 索利多金币。此外，普通人挣得的收入，往往与他

---

① 　Bury, J. B. *A History of the Roman Empire from its Foundation to the Death of Marcus Aurelius* [M]. Cambridge：Cambridge University Press，2015：467.

② 　Jones, A. H. M. *The Later Roman Empire*, 284 - 602（*Vol.* 1）[M]. Norman：University of Oklahoma Press，1964：826.

们的技艺或工作能力相关，而对于上层阶级而言，他们不仅有高额工资，还有其他资产收入。

与稳定的平均工资水平相对应，在 6 世纪到 11 世纪，甚至一直到 14 世纪初，如果不考虑某些暂时的或季节性的波动，以黄金表示的物价水平总体上也相对比较稳定，至少从基本生活物资的价格来看，情况如此，其中最显著的是土地、小麦和奴隶的价格。例如，公元 578 年，一个人一年在食物上的花费为 4 诺米斯玛，折合每天 1/90 诺米斯玛；公元 618 年，则需花费 3 个诺米斯玛，折合每天 1/120 诺米斯玛。如果考虑到金铜比率，相当于 1 千克普通面包价值 5~8 弗里斯铜币。

食物的价格之所以能够在长时间维持在一个稳定的水平，其背后离不开政府的调控。由于食物的价格关切到政府统治的稳定性，所以君士坦丁堡的皇帝们会通过控制这些食物的供给来稳定市场价格。此外，在 6 世纪至 13 世纪，虽然拜占庭的生产力水平没有明显提高，但耕地面积和商品化程度提高了，这也使得帝国能够在粮食价格保持稳定的前提下满足日益增长的人口的需要。

除了普通商品之外，奢侈品的价格也比较稳定。然而，这对于普通人而言是难以负担的。以丝织品为例，在 4 世纪初，戴克里先颁布的“限价法令”规定，1 磅原丝的价格为 12000 狄纳里银币，拆解后的丝布 1 盎司（1/16 磅）为 64 狄纳里银币，原丝染成紫色后 1 磅为 150000 狄纳里银币，而当时 1 磅金丝的价格为 12000 狄纳里银币。由此可见，当时丝绸的价格与黄金相当。[①]

---

① Lewis，N. *Roman Civilization*：*Selected Readings*（Vol. 2）［M］. New York：Columbia University Press，1990：119.

第三节　货币的借贷

一、借贷的性质

消费借贷适用于可以称量计数的物，例如酒、油、小麦、钱币、铜、银、金等。我们把这些东西借出去，使之为借贷人所有……由此，我给你的东西，从我的变为你的。①

公元565年，优士丁尼为了维持东西两线的战事，向商人和金融从业者借钱，并订立了契约。然而，直至他去世前，这些债务仍没有还清。后来，优士丁二世继位，在登基大典上，百姓们纷纷向他伸出双手，祈求归还欠款。优士丁二世是一个仁慈的君主，他用皇室私产偿还了这些贷款并收回了欠条。

借贷的发生是历史发展的结果。它是将闲置的资金从一部分人手中转移到需要的人手中最简单的方式。由于借贷活动对货币流通和经济发展很重要，所以，往往受到法律的监管。世界上已知的最早的信贷法令出现在公元前1792年至公元前1750年的《汉谟拉比法典》中，其规范了贷款发放、还贷方式、担保模式、债权债务的管理过程。后来，《十二铜表法》和《优士丁尼法典》也提到了借贷和债的发生。

按照罗马法律，借贷可分为两种形式，一种是消费借贷，另一种是使用借贷。其中，在消费借贷中，借用人从出借人那里接受一定数量的物，并负有义务归还同一种类相同数量的物。然而，在使用借贷中，使用他人的物往往不给予或不商定报酬，但借贷人具有返还原物的义务，如果给予报酬，便从物的借贷

---

① ［东罗马］优士丁尼. 法学总论：法学的阶梯［M］. 张企泰，译. 北京：中国政法大学出版社，1989：159.

转变为了物的租赁。

在两种借贷方式中，负债人所承担的义务存在巨大差别。其中，在消费借贷中，物权发生了转移，即开头引文中提到的"我给你的东西，从我的变为你的"。如果因火灾、盗窃等偶然事件，借贷人丧失了其所借贷之物，仍然受到债务的约束。相比之下，使用借贷没有发生物权的转移，所以，借贷人仅需承担审慎保管之责，而对于因不可抗力发生的损害，概不负责，除非损害是由于借贷人的过错造成的。

在《十二铜表法》中，有一则关于平民向贵族借款而成立的现金借贷合同。在合同中，债务人将自身作为担保，承诺如果不能按期清偿债务，将自愿被绑并成为借款人的奴隶。后来，罗马法加强了对债务人的保护，为了避免债务人对债权人作出过度承诺，禁止设置任何可能导致债务人或其家人失去人身自由的条款，例如，禁止将债务人的子女作为担保并雇用他们为其服务。

此外，由于拜占庭海上贸易发达，所以，海运贸易的融资在拜占庭统治时期占有主导地位。由于海上贸易并非一以贯之的商业活动，而是由一系列风险独特的冒险事业构成，所以，海上贸易的债权人，往往不会参与商业的持久运作，仅贷款给某次特定的海上商业活动。根据《海运借款契约》和《罗地亚海洋法》的规定，与普通贷款不同，海运贷款借出的货币不是安全地在陆地上，其行为类似于风险投资，出借人将承担海上损失的风险。换言之，如果与贷款有关的航程不顺利，使得装载货物的船只未能返回，借款人将不负返还之责。

二、信用机构的发展

在罗马帝国晚期和拜占庭帝国早期，借贷机构已经存在，但其发展远远逊于13世纪或14世纪意大利半岛的城市共和国。

的确，在优士丁尼统治时期，当政府财政入不敷出时，皇帝曾向银行从业者和商人团体借贷。然而，这一时期的借贷规模总体上非常有限，既无法为国家财政提供有力的支撑，也很难通过货币乘数显著地增加经济中的货币供给。

大体上，从事货币借贷的人员包括两类，一类是货币兑换商，另一类是金银匠。这两类职业的社会地位虽然不是很高，但因其财力雄厚且和政府关系密切，所以与其他行业的商人相比，更受政府优待一些。在公元528年至公元529年，《优士丁尼法典》规定，禁止公职人员从事金银买卖以外的商业活动。所以，优士丁尼的财政大臣彼得·巴西姆斯虽然最初是一名银行家，但这一身份并没有成为他发展仕途的障碍。在11世纪，迈克尔四世在未成为皇帝之前，也曾是一名富有的货币兑换商。

圣马基亚诺斯习惯于在半夜来到货币兑换商的摊前，把1诺米斯玛金币兑换成许多弗里斯铜币，然后分发给穷人；这些货币兑换商往往会乘机索要高额佣金。①

在金币、银币和铜币共存的经济体中，货币兑换在日常生活中极为寻常和重要。货币兑换商的常见形象是坐在小板凳上，面前摆着一个桌子，桌子上放着秤和登记簿，主营货币查验和兑换工作。随着业务的发展，货币兑换商的经营活动很自然地扩展到存贷款方面，包括在拍卖会和集市上向买家提供短期信用支持。

在货币兑换商出现之前，金银匠便出现了。最初，他们的业务范围仅为加工金、银、珍珠和宝石。金银匠不仅生产和销售自己的产品，而且还向其他商贩购进物品，因此，柜台上常常备有大量现银。所以，后来他们也很自然地将经营活动扩展

① Laiou, A. E. *The Economic History of Byzantium from the Seventh through the Fifteenth Century* [M]. Dumbarton Oaks, 2002: 432 – 437.

到信贷、存款和某些形式的信托服务。

由于货币兑换商和金银匠这两类职业与货币流通密切相关，所以他们的经营活动受到政府的严格监管。在君士坦丁堡，他们都有各自的同业公会。那些想加入公会成为金匠、货币兑换商的人，需要五位"尊贵人士"或"行会成员"提供道德和财务担保。在经营的过程中，对于货币兑换商，他们被要求在固定地点进行兑换活动，要尊重标准汇率，禁止囤积货币，助手不能超过两个，且禁止到公共广场或街道上招徕顾客，并有向政务官报告从事货币造假或非法交易者的义务。对于金银匠，亦只能在政府设立的场所从事经营活动，且禁止一次性购买超过 1 磅（约 324 克）的黄金，对于出处或目的地可疑的金银或珠宝同样负有报告之责。

三、利息的规定

在借贷活动中，所涉及的"货币"一般为谷物或白银，且为有偿借贷。在《汉谟拉比法典》中，谷物贷款的利率上限高于白银贷款。具体来讲，谷物贷款的最高年利率为 33.3%，而白银贷款为 20%。大约在公元前 600 年，谷物贷款的利率上限才降低到与白银贷款相同的水平。公元前 450 年，罗马《十二铜表法》规定，贷款的最高年利率是 12%。此后，公元前 443 年，进一步下调至 8.3%。然而，公元前 88 年，最高利率又提高为 12%。

在罗马帝国早期，民间利率一般为 4%～12%。相比之下，元老院发放贷款可收取的最高利率名义上为 6.25%，实际上为 6%。在罗马帝国后期，随着君士坦丁大帝在货币改革中将金币索利多的价值确定为 1/72 罗马磅黄金，借贷的最高利率略微上升了，并出现了差别利率。例如，现金借贷的最高利率上升至 12.5%，而用于消费的实物借贷，包括小麦、葡萄酒和橄榄油的借贷利率最高为 50%。

　　无论利率高低，放债生息的行为本身便一直受到教会的严厉谴责。在公元 325 年的尼西亚大公会议中，明确提出禁止神职人员放债取息，一经发现将被开除教籍。在优士丁尼时代，虽然收取利率的行为没有被完全禁止，但受到教会对贷款的态度的影响，实物和现金借贷的利率水平整体上下降了，而且对最高利率的规定更加细致，出现了针对不同人群的差别利率。例如，公元 528 年，法律规定最高利率水平一般为 6%，但贷款对象是知名人士时利率为 4%，对制造商和商人的贷款利率允许提高至 8%。公元 535 年，法律规定当借贷的对象是农民时，现金借贷的最高名义利率为 4.2%，实物借贷为 12.5%。公元 544 年，法律进一步规定向教堂和慈善机构贷款的最高利率为 3%。

　　此外，对于海商法中的借贷，之前没有利率限制，然而，优士丁尼在修法时规定其最高利率为 12.5%，即本金的 1/8。公元 540 年，针对海运的特殊性，优士丁尼进一步修正了有关海上贷款的法条。根据新规定，海运贷款的利率将与航程绑定，而不考虑具体的借贷时间或航程的持续时间。与此同时，新条款还认可了一项长期海运实践的合法性，即债务人有义务按照债权人的要求，为债权人免费运送与借款金额对应数量的小麦或大麦。当采用这种贷款安排时，利率为贷款价值的 10%；否则，它将是 12.5%。

　　在 6 世纪，政府对高利贷活动的打击是严厉的。若放贷者收取超过规定的利率，债权将被取消。在提比略统治时期，曾专门对高利贷活动进行整治。然而，由于当时高利贷活动涉及很多上层人士，最后不得不采取比较温和的处理方式，规定在 18 个月内一切私人债务必须根据法律的规定调整利率水平。此外，由于在严厉打击高利贷活动期间，往往会出现贷款人提前收回贷款的情况，所以为了纾解债务人被抽贷后的困难，提比略还拨款成立了专门的公共兑换所，百姓以土地作为抵押可获得 3 年免息贷款。

在 7 世纪，《优士丁尼法典》中关于利率的规定在很大程度上被沿用了。然而，到了 8 世纪，在利奥三世颁布的《法律汇编》中，完全没有与利率相关的规定。9 世纪初，尼基弗鲁斯一世出台了一条政策，明确禁止收取利息的行为。在这个世纪末，马其顿王朝的建立者巴西尔一世也出台了类似的禁令。在此期间，虽然迫于经济形势的压力，有个别皇帝试图放松针对特殊人群收取利息的限制，但在教会思想的影响下，高利贷不但被禁止，还被扩大到所有人，不论僧俗，皆要服从。

四、合伙制的发展

人们所组织的合伙，希腊人称之为"共同体"，包括双方的全部财产，是为了经营某种特定业务，例如买卖奴隶、油、酒或小麦。①

在拜占庭帝国早期，除了借贷，合伙制也是一种重要的融资制度。通过伙伴关系，两个或两个以上的人联合起来，实现资金和个人劳动的聚集是很普遍的做法。合伙制的演进离不开海洋贸易的发展壮大。由于海洋贸易具有融资难、风险高等特性，合伙制的出现提供了一种解决方案。在《罗地亚海洋法》中，详细规定了海洋贸易合作伙伴之间的债务和利润分享制度，以及风险分担机制。

在律法中，共同所有权和合伙关系常常使用"康曼达"（koinonia）一词。具体来讲，康曼达的建立涉及两方参与者：

① ［东罗马］优士丁尼. 法学总论：法学的阶梯［M］. 张企泰，译. 北京：中国政法大学出版社，1989：179 – 180.

一方是委托人,主要负责提供资本和货物,不参与企业管理,相当于投资人;另一方是行商,主要负责生意运营,类似于职业经理人。根据行商是否出资,康曼达有两种运营方式。如果行商不出资,为单边康曼达;如果行商出资,且为投资商出资的一半,则为双边康曼达。

在一项商业活动结束后,合伙双方扣除运营成本后,按协议划分利润和损失比例。其中,在单方康曼达中,投资商一般可获得全部利润的 3/4,但对所有亏损负有无限责任;行商可获得利润的 1/4,且不需为资本的损失承担责任。在双方康曼达中,利润对半分,但投资人承担全部损失的 2/3,行商承担另外的 1/3。[①]

需要强调的是,在拜占庭时期,合伙关系及在此基础上缔结的合伙协议,虽明确规定了合伙人各自及对第三方的权利和义务,但并未形成一个独立的能够承载权利和义务的实体。换言之,这一时期的康曼达并不具备法人资格,合伙人需承担无限连带责任。

此外,我们不能把商业合伙的发展单纯地看做是资本试图绕过高利贷禁令。这是因为,在那个时代,公共信用系统还未发展,个人信贷规模在总体上非常有限。尤其对于海洋贸易而言,其收益面临极大的不确定性,而纯粹的贷款以获取固定利息为前提,所以二者需求难以匹配。然而,与资本贷款不同,商业合伙中的资本投资采用了以分担风险换取利润的形式,而这对于投资人和成长中的商业而言,是互利互惠的事。

---

① [德]马克思·韦伯. 中世纪商业合伙史 [M]. 陶永新,译. 上海:东方出版中心,2010:24 - 25.

第四节　监管与货币

一、禁止货币出口

从货币的进出口来看，罗马帝国晚期和拜占庭帝国早期其实是一个封闭的经济体。对于黄金而言，这是确定无疑的。对于银币来说，极有可能也如此。对于铜币而言，由于它在很多时候是地方发行的，流通具有地域性，一旦流出国外其价值便会立刻下跌至其所含金属的价值，所以将之出口到帝国之外意义不大。《优士丁尼法典》中保留的一项规定，可以作为该封闭经济的论断的支撑。

黄金不仅不能提供给蛮族，就连发现它出现在蛮族地区，也会被悄然无声地收回。因此，如果商人向蛮族提供黄金，无论是通过直接售卖还是商品交换，一经发现，不仅会面临罚金刑，还会被处以其他极重的惩罚。同样地，如果地方总督没有没收被发现的黄金，他就会被看做是这一隐匿黄金案的同伙。[1]

这条被优士丁尼保留的法律，最初可能是帝国东部于公元374年颁布的。后来，利奥六世又再次重申了该规定。在这里，黄金被看做是国家财富和实力的象征。尼基弗鲁斯二世的一个官员曾向伦巴第王国的国王利乌特普兰德说道：

有了这些我们引以为傲的货币，我们就可以召唤所有的国家来对抗你，把你（的国家）像陶罐一样打破，一旦打破了，就很难重新粘合起来了。[2]

---

[1]　Hendy，M. F. *Studies in the Byzantine Monetary Economy c.* 300 – 1450 ［M］. Cambridge：Cambridge University Press，1985：257.

[2]　Hendy，M. F. *Studies in the Byzantine Monetary Economy c.* 300 – 1450 ［M］. Cambridge：Cambridge University Press，1985：259.

在实践中，可以看到这一法条的实施，大体上与当时的官方态度一致。例如，埃德萨总督的儿子约翰被波斯劫持了，优士丁尼曾禁止他的祖父用 2000 磅白银赎回，因为这样罗马人的财富就不会流入蛮族手中。

为了控制贵金属的出口，政府对金银匠的经营活动严加监管。例如，法律规定，禁止金银匠一次性购买超过一磅的黄金或白银，并且只能在政府的车间里进行生产和交易。对于出处或目的地可疑的贵金属或珠宝，或发现妇女或外国人出售贵重物品，应及时报告政务官。此外，在关税检查站，出口货物也会被严格查验，并明令禁止贵金属、铜、武器等物品的出口。

然而，尽管如此，货币流出帝国的情况仍时有发生，甚至很多时候取决于皇帝的自由意志。例如，为了赎回战俘或换取和平，皇帝常常会向周边国家支付黄金，有时涉及的金额巨大。公元 515 年，阿纳斯塔修斯为了维持和平并赎回他的侄子希帕迪乌斯，便向叛军首领维塔利安支付了 2000 罗马磅黄金。公元 529 年，优士丁尼为了赎回将军君士坦鲁斯向保加利亚人支付了 10000 诺米斯玛金币。

这些仅仅是拜占庭帝国对其他国家进行黄金支付的零星案例。当然，所涉金额并不是最终都会实际发生，但很大一部分确实支付了，由此导致索利多金币出现在周边国家。例如，在波罗的海诸岛屿上发现的一系列索利多，与东哥特人的迁徙轨迹密切关联，先是在早期定居的潘诺尼亚，后来是在王国的建立地意大利半岛。

贸易是另一个导致拜占庭金币流出其疆域的重要原因。早在罗马帝国时期，普林尼曾提到，印度、中国和阿拉伯半岛至少每年从帝国取走 1 亿塞斯特提（银币），而"这笔钱主要用于购买奢侈品，是我国妇女使我们付出的代价"。① 这表明，在中西方贸易中，为了从东方购买商品，拜占庭帝国贵金属的流出十分严重。

二、金币的声誉

各个国家在进行贸易时都使用他们（拜占庭）的诺米斯玛，无论走到任何地方，它都会被普遍接受。这种诺米斯玛被所有的国家所崇拜，因为在其他国家没有这样的存在。②

公元 310 年，君士坦丁大帝减少了戴克里先时期的金币的重量，铸造了新的索利多金币。该币的生产标准是 1/72 罗马磅，理论重量为 4.5 克，含金量为 95.8% 左右。此后，索利多金币在其长达 700 年的打制史中，一直维持着足值。它不仅是拜占庭帝国的标准货币，被广泛用于流通、储备、税收、纳贡、官员们的工资支付，还被作为国际贸易的支付媒介由商人带往各地，成为整个地中海经济圈最具信誉的国际货币。此外，索利多金币还被用于外交活动，或作为礼物赠送给外国君主，或作为年贡送交于敌国以换取和平。所以，拜占庭金币的分布非常广泛，在北欧的斯堪的纳维亚半岛和遥远的东方都曾发现它的身影。

我国曾出土过数枚拜占庭金币。1915 年，在新疆维吾尔自治区阿斯塔那出土了 3 枚含在死者口中的拜占庭金币，1 枚为优士丁尼一世时期的金币，其他 2 枚为优士丁尼一世金币的仿制

---

① ［古罗马］普林尼. 自然史［M］. 李铁匠，译，上海：上海三联书店，2018：310.

② Hendy，M. F. *Studies in the Byzantine Monetary Economy c.* 300 – 1450［M］. Cambridge：Cambridge University Press，1985：276.

品。^① 1953 年，陕西省咸阳市隋独孤罗墓出土了 1 枚优士丁二世时期的金币，其直径为 2.1 厘米，重 4.4 克。^② 1975—1976 年，河北省赞皇县李希宗墓出土 3 枚拜占庭金币，1 枚是狄奥多西二世发行的，直径 2.1 厘米，重 3.6 克；另外 2 枚为优士丁与优士丁尼共治时期发行的，直径分别为 1.68 厘米和 1.7 厘米，重量分别为 2.49 克和 2.6 克。^③

公元 6 世纪，我国正值魏晋南北朝时期，中原政权在西部的陆路交通虽然没有越过中亚，但河西走廊上的粟特商人通过丝绸之路把西方的拜占庭、波斯、中亚、西域与中国的商业贸易串联了起来。其中，波斯是拜占庭同东方进行贸易的中间桥梁，而中国和波斯之间的往来较频繁。根据《魏书》记载，波斯使臣来中国达数十次之多，曾给北魏皇帝带来了各种各样的礼品。所以，上述金币可能就是沿着丝绸之路，通过不断的商品交换，最后经河西走廊流入中国的。

为了维持金币的价值和声誉，拜占庭帝国不允许任何人玷污或损坏金币，或对其进行剪裁。事实上，早在罗马帝国时期，剪裁货币的行为就被明令禁止。凡违反规定者，将遭到极重的惩罚。例如，公元 317 年发布的一个公告称：凡是在索利多金币边缘刮擦金子，导致其重量减少者，将被处以火刑或其他死刑方式。在优士丁尼时代，有一名官员由于可以从金币上刮下来金子而不改变金币的外观，而被冠以"剪刀手"的绰号。

① Stein, A. *Innermost Asia*: *A Detailed Report of the Explorations in Central Asia*, *Afghanistan*, *Iran*, *Tibet & China* [M]. Oxford: Clarendon Press, 1928: 46 – 47.

② 夏鼐. 咸阳底张湾隋墓出土的东罗马金币 [A]. 夏鼐. 夏鼐文集（下卷）[C]. 北京：社会科学文献出版社，2000: 82 – 89.

③ 石家庄文化局. 河北赞皇东魏李希宗墓 [J]. 考古，1977 (6): 382 – 390.

三、铸币的伪造

在6世纪，拜占庭和其他国家一样，也存在伪币出现在流通领域的问题。现有资料虽没有记载其伪币的具体规模，但从窖藏货币来看，伪币不是很常见。然而，在《狄奥多西法典》和《优士丁尼法典》中，都专门论述了反假币问题，从中似乎又可以认为这一问题在当时比较严重。

凡任何伪造索利多金币者，一经发现立即被送往刑场执行火刑。举报者将被重赏。①

这是《狄奥多西法典》中保留的君士坦提斯二世发布的一则关于伪造金币的法令。从立法者的角度看，伪造货币触犯了刑法，甚至等同于叛国罪。从处罚力度来看，金币的伪造和贱金属货币的伪造不能混为一谈。其中，对于贱金属货币的伪造，似乎并不被看做是严重的犯罪。这一区别说明，两种货币的法律地位悬殊。

不过，为了使货币的打制集中于官方造币厂，《狄奥多西法典》中还是保留了两则君士坦丁大帝制定的关于伪造贱金属货币的法条。其中一条出台于公元319年，它强调对于制造假铜币的人，应该根据他们的性别和身份给予处罚。例如，十夫长犯罪将会被永久放逐并没收其财产归皇帝所有。普通百姓犯罪应该接受劳动改造并没收财产。相比之下，造币厂官员或雇员伪造铜币会被看做是性质更恶劣的事件，会受到更严重的惩罚。这可能是因为，当时很多货币伪造者来自官方造币厂或与造币厂有关联。

另一条处罚出台于公元321年，其重申了对参与伪币生产

---

① Hendy, M. F. *Studies in the Byzantine Monetary Economy c.* 300 – 1450 [M]. Cambridge：Cambridge University Press, 1985：326 – 327.

的相关主体的惩罚。例如，为货币伪造提供场所或房产的所有人，如果知情，将被流放并没收所有财产，如果不知情，将被没收货币伪造所在的地产或房产。房产或地产的职员如果是从犯，将会同犯罪者一并被处以罚金。如果让任何相关罪犯逃脱，所辖官员也会被处以罚金。

上述两则来自 4 世纪的关于伪造货币的法条在《优士丁尼法典》中再次出现了，只是内容更加简洁和具有煽动性，在此不再赘述。后来的皇帝为了打击伪币的生产，也出台了相关的法律，但与《优士丁尼法典》中的相关规定相比，处罚内容更加简单和灵活，例如，公元 741 年利奥三世颁布的《法律汇编》中提到："货币伪造者将被砍去双手。"

四、度量衡的规定

对于黄金、白银和铜而言，称重量；对于零钱而言，看数量；对于白酒而言，用器具。①

货币的打制需遵循一定的重量标准。在 4 世纪，《狄奥多西法典》中便提到，国家和个人对交易过程中涉及的每一枚铸币的重量和金属含量都非常关心。造币工人在生产钱币时，需确保每一枚硬币的重量都符合规定。在货币流通的过程中，收税人、金银匠和货币兑换商有责任核验货币的重量和含金量。不过，相较于贵金属货币而言，由于贱金属货币大都打制于地方，流通具有地域性，所以人们对其质量的查验没有像查验金银币那么严格。

拜占庭的基本重量单位是罗马磅。君士坦丁大帝于公元 309 年引入的标准金币索利多的理论重量为 1/72 罗马磅，折合 4.54

① Hendy, M. F. *Studies in the Byzantine Monetary Economy c.* 300 – 1450 [M]. Cambridge: Cambridge University Press, 1985: 326.

克。需要强调的是，罗马磅作为基本重量单位，其标准并不是固定不变的。在罗马共和国时期，其理论重量约为 328.9 克；在君士坦丁大帝引入索利多金币时，其理论重量约为 326.6 克；此后，在 4 世纪至 6 世纪，其平均重量约为 324 克，6 世纪至 7 世纪约为 322 克，7 世纪至 9 世纪为 320 克，9 世纪至 13 世纪初为 319 克，随后下降到 319 克以下。从中可以看出，罗马磅的理论重量整体上呈下降趋势，但波动幅度不大。

在货币流通的过程中，不遵守法定重量标准的案件时有发生。《狄奥多西法典》中提到，收税官手中的砝码的重量往往比法律规定的更重。与之相反，城市杂货铺里的砝码往往比法律规定的更轻。这两种作弊方式虽然内容上截然相反，但对于砝码所有者而言，都可以从中不当得利。为了准确核验货币的重量，国家对砝码的标准重量进行了规定，并生产了印着皇帝头像的专门用于称量硬币重量的砝码，在每个城市由专人负责保管。

我们要求，在每个城市的每个邮局放置所有类别的度量衡，包括砝码和测量液体的标准器具，从而方便人们称量不同类型的物品，确定缴税的数量。如此一来，如果收税者使用超过标准重量的砝码，就会被纳税人察觉。[1]

在狄奥多西一世统治时期，测量重量和质量的器具和砝码需放置在每个公共邮局，以方便人们前来称量各种不同类型的物品。在优士丁尼统治时期，由于卡帕多西亚的约翰担任财政大臣时，大幅裁减了公共邮局的数量，于是，公元 545 年，优士丁尼重新出台了新的法律：

如果纳税人认为他们的利益因度量衡作弊而受到损害，他

---

[1]　Hendy，M. F. *Studies in the Byzantine Monetary Economy c.* 300 – 1450 ［M］. Cambridge：Cambridge University Press，1985：331.

们有权从地方长官那里索要用于测量普通物品的度量衡，或从财政大臣那里索要称量黄金、白银和其他金属的砝码。[①]

从这条法律可以看出，在优士丁尼统治中后期，对度量衡的管理权进行了细化，其中城市行政长官负责管理和提供普通物品的称量器具，而财政大臣则负责管理和提供称量金、银或青铜铸币的砝码。后来，在 6 世纪下半叶，首都大主教开始负责保管砝码，并担负起监管金属货币重量的职责。到了 9 世纪，首都大主教几乎掌握了各种度量衡的管理权。

---

① Hendy, M. F. *Studies in the Byzantine Monetary Economy c.* 300 – 1450 ［M］. Cambridge：Cambridge University Press，1985：332.

第六章 优士丁尼王朝 钱币上出现的女性

第一节 皇后与钱币

按照罗马传统，皇后除非生了皇位继承人，否则是没有权力将自己的肖像印于造币上的。在优士丁尼王朝，曾有四位皇后先后出现在造币上，包括索菲亚、阿纳斯塔西娅、君士坦提娜和莱昂蒂亚。不过，她们都未曾单独出现在钱币上，而是或同她们的丈夫一起出现在钱币的正面，或皇帝出现在正面，皇后出现在背面。此外，她们都未曾出现在金币上。

一、索菲亚

索菲亚是优士丁尼一世的皇后狄奥多拉的侄女，后成为优士丁二世的妻子和皇后。"索菲亚"在拉丁语中意思是"智慧"。事实上，索菲亚和他的姑姑狄奥多拉皇后性情相近，都非常精明能干。公元565年，优士丁二世继位。在就职演说中，他特别提到"世界赐予我荣耀，让我拥有如此智慧之人（索菲亚）为配偶，与我坐在同一个位置共同统治帝国"。①

作为优士丁二世的皇后，索菲亚一直为国家的经济和财政

---

① Corippus, C. F. *In Laudem Iustini Augusti Minoris* [M]. London: Athlone Press, 1776: 150.

兢兢业业。她辅助优士丁二世着手偿还了优士丁尼对银行家和商人团体的各种债务，力图恢复皇家财政部的信誉，并试图减少开支以增加国库储备。公元573年，优士丁二世因战争失利，精神暂时错乱，索菲亚接管朝政，直至公元578年10月5日优士丁去世。在此期间，她曾独自与波斯库思老一世达成休战协议。

优士丁二世从执政第一年开始，便发行了同时印着自己和索菲亚坐像的青铜币（见图6-1）。在币图中，两人并列而坐，优士丁手持十字宝球，索菲亚手持十字。此后，在整个执政期间，他发行了大量印有夫妻二人肖像的铸币。

注：该币打制于公元565年至公元578年，罗马造币厂生产。钱币正面是优士丁二世和索菲亚坐像，优士丁位于左侧，手持十字宝球，索菲亚位于右侧，手持十字，币文 DN IVSTINVS PP AVG；背面是大个头价值标记 XX，造币厂标记 ROM。

图6-1　优士丁二世统治时期的1/2弗里斯铜币

在迦太基造币厂生产的弗里斯和1/2弗里斯铜币上，不仅印着优士丁和索菲亚的正面胸像或坐像，还同时印着两个人的名字（见图6-2）。它们与表示喝彩生命的铭文"VITA"一起出现在钱币背面花样和边缘之间的空白处，索菲亚的名字印在优士丁的名字后面。这一特征非常与众不同，因为通常皇后的姓名不会出现在钱币上。

在优士丁二世在位期间，索菲亚获得了即便连她姑姑狄奥

注：该币打制于公元565年至公元578年，迦太基造币厂生产。钱币正面是优士丁二世和索菲亚胸像，币文 DN IVSTINO ET SOFIA AC；背面是大个头价值标记 K，日期标记 ANNO VIII，造币厂标记 KAR。

图6-2　优士丁二世统治时期的1/2弗里斯铜币

多拉都未曾获得的殊荣——将自己的肖像印于造币上，从而成为优士丁尼王朝第一位被印在铸币上的皇后。然而，对于索菲亚来说，这并没有突破传统，因为她曾为优士丁二世诞下一个儿子，虽然该子英年早逝，但也使索菲亚拥有母亲形象而受到百姓尊重，并有资格出现在钱币上。

优士丁二世去世后，养子提比略成为唯一的皇帝。然而，索菲亚并不甘心深居内宫，而是想要继续掌握朝政大权。她派君士坦丁堡的族长说服提比略与妻子伊诺·阿纳斯塔西娅离婚，改娶自己或自己的女儿。提比略拒绝了，于是，索菲亚发动了政变。然而，令她悲伤和哀叹的是，政变并未成功。公元579年，索菲亚退休，被尊为提比略的母亲，居于索菲亚宫，并拥有自己的小宫廷。

公元582年8月14日，提比略去世，继任者莫里斯是未婚将军。怀有不老之心的索菲亚曾计划嫁给莫里斯以重新掌权，但莫里斯和君士坦提娜紧急举行了婚礼。仪式由君士坦丁堡的牧首约翰四世主持，君士坦提娜被当众宣布为奥古斯塔。此后，索菲亚退出政治舞台，最终结局未知。

二、阿纳斯塔西娅

阿纳斯塔西娅是提比略二世的妻子和皇后。她可能来自黑海比提尼亚海岸附近的一个岛屿。她曾嫁给了拜占庭军队的一个低级执行官。他们的一个女儿与提比略有婚约，但是她的丈夫和女儿在婚约实现前都去世了，于是阿纳斯塔西娅自己嫁给了提比略。

提比略在优士丁二世在位时深受赏识，从一个抄写员一路升迁为军队指挥官。公元 574 年，优士丁遭受精神错乱无法执政，由于无子嗣，提比略被收为继子，并于这一年 12 月 7 日被正式任命为凯撒，与索菲亚共同执政。公元 578 年 10 月 5 日，优士丁去世，提比略成为唯一的皇帝。

在提比略继位之初，索菲亚不肯放权，曾派君士坦丁堡的族长尤提基乌斯说服提比略与阿纳斯塔西娅离婚，提出自己或她成年的女儿阿拉伯作为准新娘。然而，提比略拒绝了：

让我离开为我生育了三个孩子的妻子？她在我一无所有时与我分享她的一切，现在上帝让我拥有至高的权力，我却离开她另娶他人？[①]

为了确保阿纳斯塔西娅的人身安全，提比略秘密安排她与拜占庭参议院成员会面，公开册立为皇后，并授予奥古斯塔头衔。同一年，帖撒罗尼迦造币厂制造的 1/2 弗里斯铜币上，阿纳斯塔西娅与提比略一起出现在铸币上（见图 6 - 3）。该币沿用了优士丁二世和索菲亚皇后一同出现在造币上的图案。在币图中，阿纳斯塔西娅位于提比略的左侧（观币者的右侧），手持权杖。

---

① Garland，L. *Byzantine Empresses：Women and Power in Byzantium AD* 527 - 1204 [M]. London and New York：Routledge，1999：55.

注：该币打制于公元 578 年至公元 579 年，帖撒罗尼迦造币厂生产。钱币正面是提比略和阿纳斯塔西娅坐像，其中提比略手持十字宝球，阿纳斯塔西娅手持权杖；背面是大个头价值标记 K。

图 6-3 提比略二世统治时期的 1/2 弗里斯铜币

阿纳斯塔西娅在作为皇后的 4 年中过得非常不开心。索菲亚一直对她心存不满。早在提比略还是凯撒时，索菲亚便不允许她和她的女儿们进入君士坦丁堡的皇宫，也不允许朝中的女士们拜访她们。提比略成为奥古斯都后，阿纳斯塔西娅被接回皇宫，然而，此时的索菲亚仍拥有奥古斯塔头衔，且在皇宫中拥有一席之地。

公元 582 年 8 月 14 日，提比略去世。11 年后，阿纳斯塔西娅去世。在提比略在位时期，阿纳斯塔西娅仅在帖撒罗尼迦造币厂生产的铸币上出现过。然而，按照传统，她本无权出现在造币上，因为她虽曾为提比略生养了 3 个孩子，但均为女儿。所以，这不过是地方造币厂一时违背常规生产的特殊造币。相比之下，君士坦丁堡造币厂更严格地遵守了传统，从没有发行过印着阿纳斯塔西娅肖像的钱币。

三、君士坦提娜

君士坦提娜是莫里斯的妻子和皇后。她是提比略二世和阿纳斯塔西娅的女儿。公元 582 年，提比略病倒，继位问题迫在眉睫。提比略无子，他和阿纳斯塔西娅曾有 3 个女儿，其中一个女儿在他成为凯撒前便去世了。为了确保未来的继任者迎娶自己的女儿为皇后，公元 582 年 8 月 5 日，他安排其中一个女儿君士坦提娜与莫里斯将军订婚，另一个女儿夏里托与日耳曼努斯将军订婚。二位将军都被授予凯撒称号。

公元 582 年 8 月 13 日，提比略奄奄一息，文武大臣和教会政要都在等待他对继位者的任命。日耳曼努斯是提比略最喜欢的王位候选人，但他谦逊地拒绝了皇位。于是，提比略发布诏书，宣布莫里斯为奥古斯都和唯一的王位继承人。一天后，提比略去世，莫里斯成为皇帝。

据图尔的格雷戈里记载，此时的索菲亚仍怀有不老之心，试图干涉朝政，计划嫁给新的帝国继承人莫里斯。面对这一局面，公元 582 年秋天，莫里斯与君士坦提娜举行了婚礼。婚礼庆祝活动持续了 7 天，君士坦提娜被当众宣布为奥古斯塔。

在莫里斯统治的第一年，君士坦提娜便出现在了帖撒罗尼迦造币厂生产的 1/2 弗里斯铜币上（见图 6-4）。该币保留了前两位皇帝统治期间人们已熟悉的币图。在币图中，君士坦提娜与莫里斯并列坐在宝座上，手持长十字权杖。然而，在这一年临近结束前，君士坦提娜的肖像便被移除了，只剩下了莫里斯的肖像。

注：该币打制于公元 581 年至公元 582 年，帖撒罗尼迦造币厂生产。钱币正面是君士坦提娜与莫里斯并列坐像，莫里斯手持十字宝球，君士坦提娜手持权杖；背面是大个头价值标记 K。

图 6-4 莫里斯统治时期的 1/2 弗里斯铜币

　　比起她的母亲，君士坦提娜与索菲亚的关系似乎更融洽。她们在公元601年一起为莫里斯准备了一个珍贵的皇冠作为复活节礼物。莫里斯只看了一眼，便下令将其悬挂在圣索菲亚大教堂的祭坛上作为贡品。这一行为被两位奥古斯塔看做是一种侮辱，并造成了君士坦提娜与莫里斯婚姻关系的裂痕。

　　莫里斯和君士坦提娜共同孕育了6个儿子和3个女儿。其中长子狄奥多西在公元587年被任命为凯撒，并于公元590年成为共治皇帝。公元602年，切尔森造币厂曾打制过几组印有莫里斯、君士坦提娜和狄奥多西肖像的弗里斯和1/2弗里斯铜币，即所谓的"家庭"造币（见图6-5）。在造币上，君士坦提娜和莫里斯肖像位于钱币正面，狄奥多西肖像位于背面。

注：该币打制于公元582年至公元602年，切尔森造币厂生产，重13~14克。钱币正面是莫里斯和君士坦提娜正面站像，莫里斯位于左侧手持十字宝球，君士坦提娜位于右侧，手持基督权杖；背面是狄奥多西站像，手持权杖，大个头标记H位于狄奥多西右侧。

图6-5　莫里斯统治时期的弗里斯铜币

　　公元602年，福卡斯发动叛乱，且很快抵达君士坦丁堡。莫里斯、君士坦提娜和他们的孩子在匆忙中乘船逃离了首都。然而，不幸的是，这艘船在海上遭遇了风暴，5天后，福卡斯的军队俘获了被废黜的皇室，莫里斯和5个儿子被处决，长子狄奥多西生死不明。君士坦提娜和三个女儿被流放到一家修道院。

后来，君士坦提娜与妹夫日耳曼努斯取得联系，密谋反对福卡斯，但不幸被手下的女仆告发。公元606年，君士坦提娜和她的3个女儿在查克顿被处决。

四、莱昂蒂亚

莱昂蒂亚是福卡斯的妻子和皇后，她也曾经出现在铸币上。公元602年11月23日，福卡斯发动政变，在首都之外被军队拥立为皇帝。2天后，福卡斯进入君士坦丁堡，正式登上皇位。在他成为皇帝前，已与妻子莱昂蒂亚结婚有一段时间了。按照传统，新皇帝需与皇后一同带领队伍在城市游行，于是莱昂蒂亚被护送进城，并于11月27日被正式加冕为奥古斯塔。

在福卡斯统治的第一年，莱昂蒂亚的肖像便出现在了君士坦丁堡造币厂打制的铜币上（见图6-6）。除此之外，她还出现在帖撒罗尼迦、尼科美底亚、库梓科斯和安条克等大部分东部造币厂生产的弗里斯和1/2弗里斯铜币上。在币图中，她站在福卡斯身旁，戴着王冠，手持权杖。

注：该币打制于公元602年至公元603年，君士坦丁堡造币厂生产，重8.15克。钱币正面是福卡斯和莱昂蒂亚正面站像，福卡斯位于左侧手持十字宝球，莱昂蒂亚位于右侧，手持十字权杖；背面是大个头标记XX。

图6-6　福卡斯统治时期的1/2弗里斯铜币

理论上，莱昂蒂亚身为福卡斯的皇后，且至少育有一名子女，其肖像出现在造币上是合理的，但实际上，她的肖像之所以会出现在许多造币厂生产的钱币上，其主要原因似乎是因为福卡斯发行的第一版造币仿照了莫里斯在切尔森造币厂生产的"家庭"造币（见图6-7）。

注：该币打制于公元602年至公元610年，安条克造币厂生产。钱币正面是福卡斯和莱昂蒂亚正面站像，福卡斯位于左侧手持十字宝球，莱昂蒂亚位于右侧手持十字权杖，币文 DN FOCA NE PE AV；背面是大个头标记 m，造币厂标记 THEUP。

图6-7　福卡斯统治时期的弗里斯铜币

在福卡斯统治的第二年，君士坦丁堡造币厂打制的钱币便移除了莱昂蒂亚的肖像。其他造币厂也跟随首都造币厂的步调作出调整，其中尼科美底亚和库梓科斯在福卡斯统治第2年便不再使用她的肖像。相比之下，安条克造币厂生产的造币，几乎在福卡斯统治结束时仍保留着莱昂蒂亚皇后的肖像。

第二节　狄奥多拉皇后

在拉文纳圣维塔利教堂中，有一幅镶嵌画，描绘的是在侍妇们簇拥下身披长袍的狄奥多拉。狄奥多拉是优士丁尼的妻子和皇后。她的一生颇具传奇色彩，是无数拜占庭人崇拜和爱戴的"国母"。然而，尽管如此，由于狄奥多拉没有生育子女，所以，她的肖像从未在钱币上出现过。

一、"皇后梦"成真

狄奥多拉大约出生于公元 500 年。在希腊语中，狄奥多拉的意思是"上帝赠予的礼物"。她出身卑微，父亲是君士坦丁堡竞技场的驯熊员，母亲是一名舞蹈演员，常出没于剧场、竞技场和酒馆之中。她还有一个姐姐和一个妹妹。在父亲去世时，狄奥多拉年仅 4 岁。为了维持生计，她的母亲经常带着她们姐妹在竞技场中表演。在普罗柯比的笔下，狄奥多拉曾是一名舞女，对她的评价很差。对此，爱德华·吉本痛斥普罗柯比对狄奥多拉的恶意中伤。

公元 517 年前后，狄奥多拉陪同利比亚官员赫西波勒斯前往北非就任行省总督，然而，4 年后在一次旅行中被离弃。离开赫西波勒斯后，狄奥多拉过着相当落魄的生活。有一天，她做了一个梦，梦到自己会成为皇后。于是，怀揣着这个梦，她辗转多地，最后终于回到了君士坦丁堡。从此，狄奥多拉离开了舞台，开始过着隐居生活。她的大部分时间从事着羊毛纺织。

据说她做了一个梦，梦到自己注定会成为一个强有力的君王的皇后。她憧憬着这个梦，回到君士坦丁堡，从此一反常态，在一间小房子里辛勤纺织羊毛赚钱使自己免于贫苦，过着贞洁而又孤独的生活。[①]

公元 523 年或更早些时候，一次偶然机会，狄奥多拉邂逅了比她大 18 岁的优士丁尼。优士丁尼非常迷恋她，欲娶之为妻。然而，优士丁尼的叔母皇后尤菲米亚在得知侄儿与一位舞女交往后，当即怒不可遏。更为棘手的问题是自君士坦丁大帝以来，根据法律规定，元老院的成员禁止娶舞女为妻，而优士

---

① [英]爱德华·吉本. 罗马帝国衰亡史 [M]. 黄宜思和黄雨石，译. 北京：商务印书馆，1997：551.

丁尼不仅是元老院的一员，还是皇帝的养子和未来皇位的继承人。

为了实现他和狄奥多拉结婚的计划，在最为反对的皇后尤菲米亚去世后，优士丁尼便利用手中权力，以皇帝优士丁的名义在公元524年通过了一项新法律，规定任何经过"光荣悔改"的舞女如果得到皇帝的批准，可以与任何门第出生的罗马人缔结合法婚姻。此外，平民也可以与贵族通婚。新法通过后不久，优士丁尼和狄奥多拉举行了婚礼。公元527年，老皇帝优士丁去世，优士丁尼成为帝国唯一的皇帝。同年，27岁的狄奥多拉被加冕为奥古斯塔，成为了拜占庭帝国的皇后。

二、皇帝的共治者

优士丁尼于公元527年登上皇位后，便开始大刀阔斧地进行改革，力图重现罗马帝国昔日的辉煌。狄奥多拉是优士丁尼梦想的坚定支持者。事实上，狄奥多拉不仅美貌出众，而且颇具政治头脑。在尼卡事件之后，她正式成为"共治皇帝"，全面参与和决策帝国的事务，辅助丈夫治理国家。公元535年，优士丁尼出台的一条法律中称，狄奥多拉是"我的决策伙伴"①。

作为皇帝的共治者，狄奥多拉的胆识和魄力在尼卡事件中得到很好的体现。尼卡事件的发生源于一场赛车比赛。多年以来，君士坦丁堡流行着马车竞赛。这是一种群众娱乐、竞技活动。起初，参加者以社区为单位，以赛手衣着的颜色作为区分，其中蓝队和绿队的支持者人数众多。后来，娱乐竞技场上的蓝绿两派慢慢地演变为两个针锋相对的政治派别蓝党和

---

① Garland, L. *Byzantine Empresses: Women and Power in Byzantium AD* 527 - 1204 [M]. London and New York: Routledge, 1999: 15.

绿党。

公元 532 年 1 月 11 日，皇帝按照惯例带着皇后和文武百官在竞技场主持和观看车赛。此前，绿队因为技术较差，已经连输了几场比赛。这次比赛结束后，深得皇帝恩宠的蓝队再次领先，优士丁尼按照比赛结果称赞了蓝队。然而，暴徒们乘机煽动民意，指责优士丁尼操纵比赛结果，要求重新进行比赛。于是，蓝党也因此卷入了骚乱，两派群众的情绪越来越激动，相互殴打并谴责对方的官员贪污腐败。

为了维持秩序，两天后，君士坦丁堡市长出动军队，下令逮捕在竞技场上闹得最凶的人，并判了几个人死刑。令人始料未及的是，其中两人在被施以绞刑的时候，绳索突然断裂，刽子手本想再吊起来一次，这时激愤的群众抢走了那两名死囚。两名死囚分别来自蓝党和绿党。于是，两派围观群众联合起来，一致要求市长赦免他们，但遭到拒绝。

随着事态的发展，两派群众情绪激昂，一起涌上街头，齐声高呼"尼卡！"尼卡是希腊语胜利的意思。骚乱的民众殴打在场的贵族、官员和富人，焚烧官署，还用武力打开监牢，放出大批在押囚犯。他们要求优士丁尼减免赋税，罢免东方大区长、卡帕多西亚的约翰等大臣，甚至威胁冲击皇宫。

大骚乱持续了 8 天，叛乱者们很快封锁住皇宫四周出口，局势越来越危急。看着火光冲天的君士坦丁堡，优士丁尼怀疑有人在幕后操纵这场骚乱，目的是罢黜皇帝。于是，宫内进行了一次紧急协商，众多朝臣表态后，优士丁尼决定暂且乘船弃城逃走。这时皇后狄奥多拉力排众议，发表了自己的看法：

喔，皇帝，你现在想保全性命并不难，我们有钱、有船，大海就在那边，但你是否考虑过逃出去之后怎么生活呢？会不会后悔，后悔没有像一个君王那样去直面死亡，而是像一个普通人那样苟活于世呢？我赞成一句古语："紫袍是最高贵的裹尸布"。①

紫色是拜占庭皇室的颜色。狄奥多拉的这番话让优士丁尼感到羞愧万分，打消了逃跑的念头，决定留下来和反叛者正面对抗。狄奥多拉不仅有勇气，还有智谋。她深知蓝绿两党历来不和，便派太监溜出皇宫，用重金收买了蓝党的首领，成功分化了暴动者的阵营。随即，贝利萨留带着刚从波斯战场返回的老兵，通过蓝党敞开的大门进入竞技场，最终平息了叛乱。

三、闺中密友团

狄奥多拉作为优士丁尼的搭档和共治者，对朝政有非常大的影响力。她经常参加咨询会议，并提出建议。优士丁尼在下令之前往往会咨询她的建议，那些没有经她同意便被委以重任的人往往不得善终。

在狄奥多拉的小朝廷中，宦官纳尔塞斯是她的亲密盟友，财政大臣彼得·巴西姆斯也是如此，贝利萨留的妻子安东尼娜是她年轻时的朋友。她还以首都为核心，构建了自己的情报网络，专门为皇帝搜集风吹草动和那些不利于自己的说法。

然而，在优士丁尼的政府中，出现了一个名叫约翰的人物。他有才华、胆识且精力旺盛，尤其在增加财政收入方面足智多谋，曾被优士丁尼两次任命为财务大臣"圣库伯爵"。约翰对优士丁尼有非常大的影响力，他曾说服优士丁尼不要对北非的汪达尔王国进行大规模远征，而这正好与狄奥多拉的意见相左。他不仅不恭维狄奥多拉，甚至公开反对她，认为优士丁尼喜爱她是因为中蛊了。

---

① ［英］爱德华·吉本. 罗马帝国衰亡史［M］. 黄宜思和黄雨石，译. 北京：商务印书馆，1997：559.

　　这些行径使得狄奥多拉对他深感不满。此外，狄奥多拉可能很嫉妒约翰对优士丁尼有如此大的影响力，甚至将之视为皇位的威胁。于是，她试图将他从优士丁尼的身边赶走。然而，由于优士丁尼对约翰评价很高，所以，狄奥多拉在短时间内没能达成目标。直到公元541年，在狄奥多拉隐忍了约翰11年之后，她和闺中密友安东尼娜一起设计了一场阴谋，让约翰背负了谋反的罪名。

　　事情的来龙去脉大致如下。约翰有一个女儿，年轻活泼，颇受父亲的宠爱。安东尼娜刻意去亲近女孩，并很快赢得了她的友谊与信任。在一次她们独处时，女孩讲出了自己父亲对优士丁尼的不满。安东尼娜假装深有同感，抨击了朝廷对丈夫贝利萨留的不公正待遇和优士丁尼的忘恩负义。

　　最后，安东尼娜提出一个计划，即约翰和贝利萨留里应外合，共同夺取皇位。女孩把谈话内容告诉了父亲。约翰听后非常高兴，认为这是夺取皇位的一次难得机会，便毫不犹豫地同意了安东尼娜的提议。随后，二人约定在郊外会面，共商大事。

　　与此同时，安东尼娜暗地里把这一切告诉了狄奥多拉。狄奥多拉又将约翰私下里的谋反行径告诉了优士丁尼，并派宦官纳尔塞斯和宫廷卫队长马尔塞鲁斯带人提前埋伏在秘密会面的地点，约翰一旦有说出谋反的言论，便一举将其擒获。

　　约翰如约赴会，并把自己的计划和盘托出。这时纳尔塞斯和马尔塞鲁斯冲了出来，准备将他就地格杀。然而，约翰的护卫们挡在前方，保护了主人的安全。在双方混战之时，约翰逃跑了。于是，约翰从一名高层官员变成了逃亡者，后无人问津。约翰下台后，彼得·巴西姆斯接替了财务大臣"圣库伯爵"之职。

四、帝王的追思

公元 548 年 6 月 28 日，狄奥多拉去世，享年 48 岁，死因不明，可能是癌症。普罗柯比对她喜欢长时间泡澡的描述，应该是她试图改善病情的证据。她的遗体被安葬在君士坦丁堡的圣使徒教堂。

狄奥多拉的去世改变了宫廷的政治气氛。在她在世时，她坚强的性格和多谋善断的才华曾给予优士丁尼以强有力的支持。她去世后，皇帝身边缺少了一个忠实可靠的助手。一些新的人物开始在皇帝身边施加影响。狄奥多拉无子，围绕皇位继承问题，宫廷阴谋不断发生，整个朝局动荡不安。

此时的优士丁尼，越来越优柔寡断，并作出了一些错误决策。面对军功显赫、颇具声望的贝利萨留，优士丁尼一直颇为忌惮和多疑。在狄奥多拉在世前，她与贝利萨留的妻子安东尼娜是多年的好友，因此，在贝利萨留的戎马生涯中，经常得到狄奥多拉的支持。公元 548 年，狄奥多拉病逝，贝利萨留随即被优士丁尼从意大利半岛召回，并被迫解甲归田。公元 561 年，优士丁尼更是听信谗言，怀疑贝利萨留参与了一起谋逆，将之短暂拘禁。

在狄奥多拉死后的 17 年时间里，优士丁尼并未再娶，他孤独地守护着庞大的帝国。公元 559 年，当拜占庭军队战胜匈奴人凯旋时，优士丁尼曾命令军队绕道圣使徒教堂的墓前，在那一刻，整个帝国都在屏息等待，只为皇帝能为他的皇后点上一支蜡烛。[1]

优士丁尼于公元 565 年 11 月 14 日去世，享年 83 岁，他的遗体被送到了圣使徒教堂，和狄奥多拉安葬在一起。

---

[1] Garland, L. *Byzantine Empresses*: *Women and Power in Byzantium AD 527 – 1204* [M]. London and New York: Routledge, 1999: 38.

第三节　法律中的女性地位

在古罗马传统社会中，女性受到父权和夫权的约束，其人身权、婚姻权和财产权等都受到限制。然而，自罗马共和国末期以来，随着女性经济地位的逐渐提升，法律中对妇女人身和财产权益的保护也愈加完善，尤其在优士丁尼时代达到了顶峰。

一、女性的权利范畴

公元524年，优士丁尼为了迎娶曾经沦落风尘的狄奥多拉，通过了一项新法律，允许贵族与平民缔结合法婚姻。狄奥多拉成为皇后之后，作为皇帝的共治者，不仅在国家政治生活中发挥着重要作用，还因为自己的过往经历，大大加强了对妇女的保护，获得了那个时代女性的尊敬和爱戴。从《优士丁尼法典》中可以看出，拜占庭的妇女拥有比之前的罗马帝国时代和同时代日耳曼族统治下的西部帝国更广泛的权利和人身保护。

在罗马社会早期，妇女的主要职责是相夫教子、操持家务和纺线织布。在父权和夫权的约束下，女性处于依附地位，她们的人身权、婚姻权和财产权等都受到限制。例如，在夫妻关系中，妻子无权同丈夫离婚，而丈夫却有权任意休妻，甚至将女子视为动产，如同物品一样买卖或转让。在经济生活中，女子不能拥有任何独立的财产，不可以做债务担保人，禁止从事金银的买卖。

狄奥多拉倾听了地位低下的妇女的心声，采取了一系列举措为她们争取和男性同样的权利。她不仅将位于小亚细亚沿岸的宫殿改造成修道院，供沦落风尘的女子居住，来改变她们的生活状态，还通过法律禁止强迫卖淫，承认妇女在离婚问题上有更多的权利，允许妇女拥有继承财产及接受教育的权利等，使妇女在家庭中的人身和经济地位大为改善。

实际上，女性地位的改善不仅发生在优士丁尼王朝时期。自罗马共和国末期以来，长期的对外征战，使得无数男子战死沙场或被俘。这为女性参与家庭经济管理和掌握家庭财产提供了可能。妇女经济地位的改善，必然使她们要求与其自身经济地位相适应的其他权利。

公元前195年，罗马妇女不顾行政长官和丈夫们的反对，走出家门，包围了元老院，集体抗议要求撤销公元前215年布匿战争期间颁布的《奥庇安法》。该法律禁止妇女穿色彩鲜艳的衣服，且除公共宗教节日之外不得在城内乘坐两匹马拉的马车，不得拥有半盎司以上的黄金。

她们来到城市各条街道和广场的入口处，恳求每一位来广场的男人们允许妇女们恢复他们以前的装饰品……由于每天都有大量的妇女从城镇和乡村来到罗马，所以她们的人数日益增加。①

妇女们的这一行为使整个元老院大为震惊。执政官加图拒绝了她们的要求，并劝告她们离开，说"你们的问题可以在家里向你们的丈夫提出来，而不该跑到这里来询问不是你们丈夫的男人们"②。这些妇女听到回复后非常气愤，第二天便包围了两位否决她们权益的元老院成员的宅邸，并声称如果他们不撤回否决权，就绝不从他们的家门口撤离。此外，她们还举行集会，公开发表演说，提出自己的要求。最后，在妇女们的顽强斗争下，《奥庇安法》在其通过后第20年被正式废除。

在后三头同盟时期，也发生过女性争取合法权益的事件。公

---

① Boren, H. C. *The Ancient World: An Historical Perspective* [M]. Old Tappan: Prentice Hall, 1986: 261.

② Balsdon, J. P. V. D. *Roman Women: Their History and Habits* [M]. New York: Barnes & Noble, 1998: 37.

元前43年底，屋大维、安东尼和雷必达为了筹措攻打布鲁图斯和卡西乌斯的经费，要求罗马最富有的1400名妇女按其财产比例缴纳特别战争税。法令规定，如果有人隐瞒财产，或虚假估价，便处以罚金。这些妇女们先是去恳求屋大维的姐姐及安东尼的母亲和妻子，但被赶了出来，于是，愤怒的妇女们冲到广场上，大贵族出身的霍腾西亚作为代表发表了抗议演说。最后，在妇女们的努力下，三巨头不得不作出让步，把需要进行财产估值的妇女人数从1400人减为400人。妇女们的斗争取得了一定的胜利。

二、女子监护制度

公元前91年，意大利半岛上同盟战争爆发。战争结束后，意大利半岛上罗马的所有同盟城邦都获得了罗马公民权。然而，在罗马社会中，男性家长在家庭中拥有最高的权威。此时的妇女尽管在法律上是具有公民权的自由人，但实际上却无独立的人格，在家庭中依旧处于依附地位，即未嫁时从其父，父死从其兄或其亲属，已嫁则从其夫。无论妇女年龄的高低、知识经验的丰贫、体力的强弱，皆受到父亲、丈夫或其他近亲属男性的终身监护。

早期罗马法之所以设立女子监护制度，大概是因为当时的罗马人认为，女子意志薄弱，且缺少经验，需限制其行为能力，以保护之；如果不加以限制，则受人愚弄时，必影响其法定继承人未来财产上的利益。因此，在终身监护制度下，妇女在实施独立的法律行为时，须取得监护人的许可方具效力，特别是妇女在经济领域的行为，包括处分资产、设定嫁资、接受遗产、设立债权等更需监护人的赞同。

罗马女子监护制度的设立反映了早期罗马法中妇女与男子地位的不平等。随着女性经济地位的提高，女子监护制度逐渐被淡化，直至最后被废弃。

罗马女性无论是已婚的或未婚的，在人身和财产上都有巨大的独立地位……后期的法律趋于把监护人的权利逐渐缩减到零。①

公元9年，为了奖励生育，罗马颁布了《尤利亚婚姻法》，规定生来自由的妇女生育3个及以上子女的，被释女奴生育4个及以上子女的，豁免对其进行监护。公元1世纪中叶，罗马又颁布了《关于妇女监护的克劳狄法》，正式废除了对成年女子的宗亲监护。② 公元410年，罗马皇帝狄奥多西皇帝授予全部罗马妇女自由权。

到优士丁尼编纂《罗马民法大全》时，罗马妇女监护制度已全然不见踪迹。《罗马民法大全》规定，"禁止剥夺妇女的自由，无论在何种情况下，禁止其自由受到限制。"③ 换言之，妇女在法律许可的范围内同男子一样，可以自由地按自己的意志处理自己的事务，积累自己的财产，而无须他人的许可。从此，罗马妇女摆脱了受监护的束缚。

三、对嫁资的权利

公元前79年，年仅27岁的马库斯·西塞罗迎娶了家庭富有的泰伦提娅为妻。出嫁时，泰伦提娅的父亲为其准备一笔丰厚的嫁妆，其中包括两栋坐落在罗马的公寓楼、罗马郊区的一片树林和一个大农场。嫁资，即女子出嫁时携往男方家的财物。在罗马早期，女子对于婚姻没有自主权，嫁妆一般由女子的父亲设立。设立嫁资的主要目的是补贴女子的婚后生活。

在罗马早期的"夫权婚姻"制度下，嫁资会随着婚姻关系

---

① ［英］梅因. 占代法［M］. 沈景一，译. 北京：商务印书馆，1997：23.

② ［古罗马］盖尤斯. 法学阶梯［M］黄风，译. 北京：中国政法大学出版社，1996：72.

③ Scott, S. P. *The Civil Law*［M］. Clark：The Lawbook Exchange, 2001：142.

的正式缔结，从女子父亲手中转移到新婚丈夫手中，成为丈夫
财产的一部分。由于处于夫权之下的妻子本身也是丈夫的财产，
所以除非协议明确列出特别条款外，一般丈夫对嫁资享有各种
处置的权利，妻子无权干涉。即便丈夫休妻时，也不会退回妻
子的财产。

从公元前 2 世纪开始，"夫权婚姻"逐渐减少，取而代之的
是"无夫权婚姻"的普遍流行，即丈夫对妻子不能因婚姻的缔
结而取得"夫权"。这一趋势的产生与嫁资的数额密切相关。随
着罗马对周边民族的征服，大量财富涌入罗马，女子的嫁妆越
来越丰厚，而女子的父亲又不希望这笔财富转移到外人手中。
这导致女子对自己的财产有了一定的支配权。

与此同时，在罗马民法中有关婚姻财产的内容也发生了变化。
根据《尤利亚婚姻法》，女子享有嫁妆的财产支配权。公元 1 世纪
至 3 世纪，在离婚或丈夫死亡的情况下，妻子可以通过"口约之
诉"对嫁资主张权利。在屋大维统治时期，法律还规定丈夫未经
妻子同意，不能处置嫁资中位于意大利行省的不动产，不过，动
产不包括在内，意大利以外的行省的不动产也不在此限。

到了优士丁尼统治时期，法律对女子婚姻质量和嫁资权利
的保护更加充分。不仅禁止因为没有嫁妆而休妻的行为，《罗马
民法大全》还规定：

所有嫁资，无论设定时有无归还约定，婚姻关系解除时，
除因妻子的过失而离婚外，都应归还给妻子；妻子死亡，则归
还给她的继承人。①

同时，考虑到女性的弱点，为避免妻子受到丈夫的蒙蔽或
胁迫而作出对其不利的意思表示，丈夫不经妻子同意不仅不能

①　[意]桑德罗·斯奇巴尼. 民法大全选译·婚姻·家庭和遗产继承 [M].
费安玲，译. 北京：中国政法大学出版社，2001：435.

出售、抵押位于意大利行省的不动产，而且对其他行省的不动产也不能进行出售和抵押。

四、遗产的继承

遗产继承是罗马妇女拥有财产的重要方式，也是其社会经济地位的重要体现。妇女在罗马财产继承制度中的权利也经历了不断扩大的过程。遗产继承主要有两种方式：遗嘱继承和法定继承。在罗马法中，遗嘱继承优先于法定继承。当没有遗嘱时，法定继承则是主要的继承方式。罗马法以遗嘱继承为主，法定继承为辅。

据《十二铜表法》记载，"死者未立遗嘱指定其继承人，又无正统继承人，其遗产由最近的族亲继承。"[1] 按照这一规定，只要是同一个宗族的人，都可以继承被继承人的遗产，女子也不例外。然而，拥有遗产继承权的前提是拥有财产权。在古罗马早期，女子处于父权之下，即便可以接受遗产，其财产也归家长所有。事实上，相比男子，女子的继承权是受到限制的。例如，公元前169年颁布的《沃科尼亚法》规定，拥有10万阿斯以上财产的人设立遗嘱时，禁止将妇女列为继承人。[2] 按照此规定，富有的遗嘱人的妻子和女儿将失去成为继承人的资格。

然而，在实践中，作为遗嘱人，在情感上总是更倾向于将自己的财产留给有血缘关系的女儿，而非其他宗亲。因此，为了规避这一规定，人们便采用寄存和伪造负债等方式将遗产间接转移给妻女。此外，由于该规定仅限于遗嘱继承这一方式，并不影响女子通过法定继承取得的财产。所以，综合各种因素，

① 《世界著名法典汉译丛书》编委会. 十二铜表法 [M]. 北京：法律出版社，2000：32.
② [古罗马] 盖尤斯. 法学阶梯 [M] 黄风，译. 北京：中国政法大学出版社，1996：182.

该法条形同虚设，实施几年后便废除了。

在奥古斯都时代，男女在遗嘱继承中，仍有不平等的迹象。法律规定，凡适婚女子不结婚或结婚之后不愿生育者，皆不得由遗嘱指定为继承人。这里的规定虽然没有直接针对女性的身份和地位，仅被统治者作为鼓励结婚和生育的手段，但却单独针对女子的继承作出限定，说明男女在继承问题上仍有差别。

基于合法婚姻出生的每一个后代，无论男女都有进行法定继承的权利。因此，如同我们允许基于合法婚姻出生的男性进行继承一样，我们也允许基于合法婚姻所生的女性进行继承。①

在优士丁尼时代，基本上建立起了以血亲为核心的继承体系，实现了男女相对平等。在遗嘱继承中，从法律的角度看这两个群体的权利几乎相同。在法定继承中，男女也享有同等的权利。该平等不仅指女性不被排除在继承权之外，还意味着在同一顺序继承人中，无论男女，所得遗产的份额一般均等。

第四节　那些后来者们

在 6 世纪之后，拜占庭钱币上相继出现了其他女性的肖像，其中不仅有皇后，还有地位更尊崇的女皇。所以，我们会发现女性不仅单独出现在钱币上，还在代表皇权的金币上留下了自己的讯息。

一、玛蒂娜皇后

玛蒂娜是拜占庭皇帝希拉克略一世的第二任妻子。公元 609 年，希拉克略罢黜了福卡斯，在君士坦丁堡称帝。次年，他迎

---

① ［东罗马］优士丁尼. 法学总论：法学的阶梯［M］. 张企泰，译. 北京：中国政法大学出版社，1989：132－133.

娶了非洲大区的一个地主的女儿欧多西亚作为皇后。公元612
年8月，欧多西亚去世，留下一个儿子一个女儿。不久后，玛
蒂娜便嫁给了希拉克略，并被封为奥古斯塔。在公元616年至
公元629年，玛蒂娜的半身像或站立像曾出现在铜币和银币上
（见图6-8）。

注：该币打制于公元616年至公元624年，切尔森造币厂生产。钱币正面是希
拉克略和君士坦丁正面站像，其中君士坦丁略矮，两人均身穿克莱米斯斗篷，手持
十字宝球；背面为玛蒂娜站像，手持长十字，币制标记H（8）。

图6-8 希拉克略统治时期的弗里斯铜币

希拉克略和玛蒂娜是一对非常亲密的夫妇，两人形影不离，
共生育了10个孩子。希拉克略继位后，便立刻投入抵抗波斯入
侵的持久战，直到公元628年取得胜利。5年后，他又开始抵抗
新生的阿拉伯帝国的入侵。玛蒂娜一直随军陪伴在他身边，即
便怀孕也如此。她的第4个孩子赫拉克洛纳斯于公元626年出生
在拉齐卡，当时希拉克略正在与波斯人作战。

然而，他们的结合在当时受到了大众的谴责。这是因为玛
蒂娜是希拉克略的妹妹玛丽亚的女儿。自《狄奥多西法典》颁
布以来，近亲结婚便被禁止。因此，这桩婚姻遭到了君士坦丁
堡人民和教会的强烈反对。尽管希拉克略按照自己的意愿封她
为奥古斯塔，但民众却非常厌恶她，以至于在公元629年，希
拉克略不得不将她的头像从造币上移去，此后即便在公元641

年玛蒂娜成为了王位继承人的母亲，也没能重新出现在货币上。

公元641年2月11日，希拉克略去世。3天后，玛蒂娜主动公开了希拉克略的遗嘱内容。按照遗嘱，他第一次婚姻的儿子希拉克略·君士坦丁和他与玛蒂娜的儿子赫拉克洛纳斯共同执政（见图6-9），玛蒂娜被尊为两人的母亲。遗嘱公开仪式在君士坦丁堡的竞技场举行，玛蒂娜试图建立自己对两位共治皇帝的权威，所以，君士坦丁和赫拉克洛纳斯没有出席，但人群中却喊着两位皇帝的名字。

你（玛蒂娜）有皇帝之母的尊荣，但他们才是我们的皇上……女士，你不能接待蛮族和其他外国使者并与他们交谈。啊，帝国怎会沦落至如此境地，请让这一切不要再发生了。[①]

注：该币打制于公元610年至公元641年，君士坦丁堡造币厂生产。钱币正面是希拉克略、君士坦丁和赫拉克洛纳斯正面站像，其中赫拉克洛纳斯位于左侧；背面为四级台阶上十字，币文 VICTORIA AVGU。

图6-9　希拉克略统治时期的索利多金币

其实，在希拉克略去世时，君士坦丁（见图6-10）身为长子，已28岁，并育有两子，本是帝国无可争议的继承人，如今却与年仅15岁的弟弟共同执政。所以，君士坦丁和继母玛蒂娜之间的关系非常糟糕，两人甚至公开敌对。然而，不幸的是，

① Garland，L. *Byzantine Empresses*：*Women and Power in Byzantium AD 527 - 1204* [M]. London and New York：Routledge，1999：65.

君士坦丁可能患有肺结核，在位 103 天后便去世了。在他去世前，为了确保自己儿子的继承权，曾将一笔巨款交付于军事长官瓦伦丁斯，用于收买士兵们在他死后反对玛蒂娜和她的孩子。据说，每名士兵可以分到 5 索利多金币。

注：该币打制于公元 610 年至公元 641 年，君士坦丁堡造币厂生产。钱币正面是希拉克略和君士坦丁正面半身像，其中希拉克略位于左侧，蓄着长胡须，币文 dd NN hERACLIUS ET hERA CONST PP AV；背面为四级台阶上十字，币文 VICTORIA AVGU。

图 6 – 10　希拉克略统治时期的索利多金币

君士坦丁三世的去世，使得 15 岁的赫拉克洛纳斯成为了唯一的统治者。玛蒂娜以皇帝年幼为由，开始摄政，并放逐了君士坦丁的支持者。她的行为导致各方人士的强烈不满，民间甚至流传着她毒害君士坦丁的谣言。几个月后，瓦伦丁斯将军率领小亚细亚的军队向玛蒂娜发难。公元 641 年 11 月，玛蒂娜的统治彻底垮台，她被流放到罗得岛。君士坦丁三世之子君士坦斯二世登上皇位，年仅 10 岁。

二、伊莲娜女皇

在公元 629 年玛蒂娜最后一次出现在铜币上之后，在长达一个半世纪的时间里，钱币上一直没有再出现皇后的肖像。直到公元 780 年，伊莲娜出现在钱币上。与以往不同的是，伊莲娜的肖像不仅出现在铜币上，还出现在代表皇权的金币上。

伊莲娜出生于公元 752 年，来自雅典一贵族家庭，于公元 769 年嫁给 19 岁的利奥四世。公元 775 年，利奥四世登上皇位，伊莲娜成为皇后。公元 780 年，利奥四世去世，其子君士坦丁六世成为继承人，年仅 9 岁。于是，伊莲娜开始代理朝政，行使皇帝的权力。这些印有她头像的硬币均打制于她摄政之后（见图 6 – 11）。

注：该币打制于公元 780 年至公元 790 年，君士坦丁堡造币厂生产。钱币正面是君士坦丁六世和伊莲娜半身像，其中君士坦丁六世位于左侧，无须，手持十字宝球，伊莲娜位于右侧，手持权杖，币文 CONSTANTINS CA′；背面是利奥三世、君士坦丁五世和利奥四世站像，币文 SV IRIN I AVG MITRI AV。

图 6 – 11　伊莲娜摄政时期的索利多金币

在公元 780 年至公元 790 年，君士坦丁六世和伊莲娜的胸像同时出现在钱币的正面，二者均手持作为帝国最高权威象征的十字宝球，背面是家族的祖先们。其中，君士坦丁六世虽位于左侧更尊贵的位置，但一直没有刻画胡须，似乎在暗示他尚不成熟。此外，币文"君士坦丁六世凯撒、专制君主和巴塞勒斯/伊莲娜奥古斯塔"常常始于背面，结束于正面，所以伊莲娜的名字和称号会显示在铸币正面。

随着年岁的增长，君士坦丁六世对母亲的专制越来越不满。公元 790 年，他已经 19 岁了。按照惯例，幼帝年满 16 岁即可执政，但此时的伊莲娜作为太后似乎并没有还政的打算。君士坦丁六世几次联合朝臣试图逼迫伊莲娜交出权力均以失败告终。长年累月的不满终于在公元 790 年彻底爆发，并升级为公开对抗。在亚美尼亚军团的支持下，君士坦丁六世正式宣布成为帝国唯一的统治者。在钱币上，伊莲娜的手中不再持有十字宝球。

然而，好景不长。经过几番权力斗争后，公元 792 年，伊莲娜被重新确立为君士坦丁六世的共同统治者。不仅如此，在公元 792 年至公元 797 年，二人在货币上的地位发生了反转，伊莲娜的胸像和头衔奥古斯塔均出现在钱币正面，而君士坦丁六世的胸像则被放置在了钱币的背面，并且称号仅保留了巴塞勒斯（见图 6 - 12）。与此同时，君士坦丁六世虽已成年，但仍一直使用无须胸像，暗示他仍然过于年轻而无法独立统治一个国家。

注：该币打制于公元 792 年至公元 797 年，君士坦丁堡造币厂生产。钱币正面是伊莲娜半身像，手持十字宝球和权杖；背面为君士坦丁六世胸像，手持十字宝球，下方有大个头标记 M。

图 6 - 12 伊莲娜摄政时期的弗里斯铜币

公元 797 年，伊莲娜策划了一场阴谋，彻底废黜了儿子君士坦丁六世，自立为女皇，成为唯一的统治者。伴随身份的转变，她在君士坦丁堡发行了一系列钱币，钱币的正面和背面都是自己的图像（见图 6 - 13）。与此同时，她还自称巴塞丽莎，以与阳性词巴塞勒斯（意"王者执政官"）相对应。这是拜占庭货币史上第一次出现这一称号，而以往出现在钱币上的皇后均使用奥古斯塔的称号。

注：该币打制于公元797年至公元802年，君士坦丁堡造币厂生产。钱币正面是伊莲娜半身像，手持十字宝球和权杖，币文 EIRINH bASILISSH；背面也是伊莲娜半身像，手持十字宝球和权杖，币文 EIRINH bASILISSH Θ。

图6-13　伊莲娜女皇独立统治时期的索利多金币

在伊莲娜走向权力巅峰之际，位于西方的法兰克王国加洛林王朝也悄然崛起，其规模和实力可与拜占庭相匹敌。王朝建立者查理曼大帝于公元800年在罗马被加冕为皇帝。为了将昔日罗马帝国的疆域合二为一，查理曼提出和伊莲娜联姻。伊莲娜似乎很乐意将这件事促成，但朝臣们却大为不满。公元802年10月31日，贵族们密谋发动宫廷政变，将伊莲娜废黜。之后，她被流放到莱斯博斯岛，靠纺织羊毛度日，并于次年8月去世。

三、佐伊和狄奥多拉女皇

佐伊和狄奥多拉是君士坦丁八世的女儿，分别出生于公元978年和984年。君士坦丁八世无子，只有3个女儿，大女儿欧多西亚因疾病毁容进了修道院，佐伊和狄奥多拉分别是次女和三女。一直以来，君士坦丁八世深受其长兄巴西尔二世影响，很担心未来的女婿会过多地干预皇室内部事务，所以禁止3个女儿结婚。

直到弥留之际，君士坦丁八世为了延续王朝的统治，才让次女佐伊与他选中的皇位继承人君士坦丁堡近郊的军事长官罗曼努斯结婚。此时，佐伊已经 50 岁，并且丧失了生育能力，罗曼努斯则已经 60 岁。婚礼在公元 1028 年 11 月 12 日举行，3 天后君士坦丁八世去世。

最初，罗曼努斯为了迎娶佐伊被迫和自己的结发妻子海伦娜离婚。所以，这桩毫无感情的政治联姻注定是要失败的。不久之后，两人便互相疏远了。罗曼努斯不仅对佐伊毫不关心，还剥夺了她的财政大权，从而招致她的憎恨。佐伊自己则迷恋上了她的宠臣、美男子米海尔。公元 1034 年，罗曼努斯三世意外去世，佐伊便与米海尔结婚了。如此一来，帝女佐伊依然是皇后，但皇帝变成了米海尔，史称米海尔四世。

米海尔四世登上皇位后，很快便架空了佐伊的实权，两人关系就此破裂。公元 1041 年，米海尔病重，他的哥哥约翰意识到自己的弟弟将不久于人世，于是说服佐伊接受他的外甥米海尔·卡拉发特斯为继子，成为米海尔的继承人。同年 12 月，米海尔四世去世，佐伊扶植他的侄子米海尔五世继位，自己从皇后变成皇太后。

米海尔五世登上皇位后，仅过了几个月，便将佐伊流放到了马尔马拉海上的一个小岛上的女修道院里。这一行径在君士坦丁堡的市民和官员们中间引起了轩然大波。彼时，马其顿王朝已统治拜占庭将近 200 年，如此对待王朝的合法继承人是群众不能接受的。于是，公元 1042 年，佐伊成功发动宫廷政变，将米海尔五世废黜并流放。同年，在百姓的要求下，佐伊把妹妹狄奥多拉从女修道院里接回皇宫，姐妹俩共同执政，史称"佐伊一世女皇和狄奥多拉女皇"。

在佐伊与狄奥多拉共治期间，曾发行了印有两人半身像的金币（见图 6 - 14）。实际上，姐妹俩虽一起出现在公共场合，但经常意见相左，后来矛盾不断升级。于是，在两人共同执政 7 周后，年过六旬的佐伊决定寻找一个新的丈夫来帮助自己获取更多的权力。她选择了君士坦丁·莫诺马乔斯，即后来的君士坦丁九世。

注：该币打制于公元1042年，君士坦丁堡造币厂生产。钱币正面为圣母玛利亚捧着印有基督的大奖章，币文 + QKE RQ TAC RACILICCIC；背面为佐伊和狄奥多拉半身像，佐伊位于左侧，币文 ZOHN S QEODWR。

图6-14　佐伊和狄奥多拉女皇共治时期的希斯塔麦伦金币

在公元1050年和公元1055年，佐伊和君士坦丁九世先后因病去世。从公元1055年开始，狄奥多拉成为拜占庭帝国唯一的皇帝，也是马其顿王朝的最后一位皇帝。公元1056年，狄奥多拉因病去世，终身未嫁。在她独立执政的这一年，曾发行过印有自己肖像的金币（见图6-15）。

注：该币打制于公元1055年至公元1056年，重4.40克，君士坦丁堡造币厂生产。钱币正面为基督站像；背面为狄奥多拉和圣母玛利亚站像，狄奥多拉位于左侧，币文 + QEODORA AVGOVCA。

图6-15　狄奥多拉女皇独治时期的希斯塔麦伦金币

四、欧多西亚皇后

欧多西亚是君士坦丁十世的妻子，二人共育有7个孩子。君士坦丁十世于公元1067年5月去世。在去世之前，其子迈克尔七世和君士坦提乌斯一同被指定为皇位继承人。由于两个儿子尚年幼，皇后欧多西亚和弟弟约翰·杜卡斯同时被指定为摄政者。

从公元1067年及之前发行的铜币可以看出，君士坦丁十世对欧多西亚非常倚重，很早便为她的摄政做好了准备，具体表现为：其一，在弗里斯铜币上，欧多西亚位于比君士坦丁十世更尊贵的位置（见图6-16）；其二，在君士坦丁十世的银币和铜币上，欧多西亚出现了，孩子们却没有出现；其三，在米拉伦斯银币上，欧多西亚和君士坦丁十世一起被称为巴塞勒斯。

注：该币打制于公元1059年至公元1067年，君士坦丁堡造币厂生产。钱币正面为基督站像；背面为欧多西亚和君士坦丁十世站像，欧多西亚位于左侧，币文EVDKARO + KWNTAK。

图6-16　君士坦丁十世统治时期的弗里斯铜币

公元1067年末，欧多西亚发行过一版希斯塔麦伦金币（见图6-17）。在币图中，欧多西亚位于中间，迈克尔位于右侧，君士坦提乌斯位于左侧。从中可以看出，欧多西亚的地位高于两个儿子。在同一时期发行的特塔特伦金币上，她与迈克尔一同出现，但同样位于更尊贵的位置，而且币文显示"欧多西亚和迈克尔，皇帝们"。这种情况在拜占庭货币史上是第一次出现，因为无论是伊莲娜女皇，还是佐伊女皇，当她们与儿子一同出现在钱币上时，其名字总是位于儿子的后面。

注：该币打制于公元1067年，重4.37克，君士坦丁堡造币厂生产。钱币正面为基督坐像；背面为欧多西亚和其子迈克尔和君士坦提乌斯站像，欧多西亚位于中间，迈克尔位于右侧。

图6－17　欧多西亚摄政时期的希斯塔麦伦金币

君士坦丁十世在去世前，曾要求欧多西亚许下誓言不会再婚，并竭尽全力为他们的孩子守卫王位。然而，仅仅过了一年多，欧多西亚就被迫撤销誓言，并嫁给了当时的军事贵族罗曼努斯。当然，这一切是为了国家的利益。当时，帝国东部边防在塞尔柱突厥人的攻击下形势危急，急需军事支援。在新婚丈夫的帮助下，欧多西亚化解了迫在眉睫的危险。

同年，罗曼努斯将欧多西亚和君士坦丁十世所生的另一个儿子安德罗尼科斯·杜卡斯列为共治皇帝。在这一时期发行的钱币上，3个孩子的肖像位于更为尊贵的正面，罗曼努斯和欧多西亚的肖像位于背面（见图6－18）。这也宣称了尽管罗曼努斯是实际掌权者，但是欧多西亚和君士坦丁十世所生的孩子们是皇位的法定优先继承人。

欧多西亚与罗曼努斯的婚后生活并不愉快。罗曼努斯越来越排斥欧多西亚的权力，尤其在欧多西亚为罗曼努斯生了两个

注：该币打制于公元1068年至公元1071年，君士坦丁堡造币厂生产。钱币正面为迈克尔、君士坦提乌斯和安德罗尼科斯站像，其中迈克尔位于中间，君士坦提乌斯位于左侧；背面为罗曼努斯和欧多西亚，分别站于基督左右两侧。

图 6–18　罗曼努斯四世统治时期的希斯塔麦伦金币

儿子后，罗曼努斯将他们也一同列为共治帝，这一举措削弱了欧多西亚与君士坦丁十世所生的孩子们的权力。公元1071年，罗曼努斯在曼齐克特战役中被塞尔柱土耳其人俘虏。消息传回君士坦丁堡后，朝廷召开会议作出决定，由欧多西亚和迈克尔七世共同执政。

　　然而，两人共同执政仅一月有余，罗曼努斯便被塞尔柱土耳其人释放了。他返回了君士坦丁堡，试图重新掌权。然而，那些忠于杜卡斯家族的朝臣们都不希望罗曼努斯重新掌权，尤其是约翰·杜卡斯，他很担心罗曼努斯会对他和迈克尔七世等侄子们构成威胁。于是，约翰·杜卡斯发动政变，在皇家近卫军的拥护下，迈克尔七世称帝，成为唯一的统治者。欧多西亚被迫将权力移交于新帝，并与她和罗曼努斯所生的两个儿子一同前往博斯普鲁斯的一处修道院。

　　然而，欧多西亚的故事到这里并没有结束。迈克尔七世执政以来，帝国形势越来越糟糕，物价飞涨，民怨沸腾，雇佣军反叛，突厥人侵袭，内忧外患不断。公元1078年，尼基弗鲁斯·波塔奈特将军反叛，率兵攻入君士坦丁堡，罢黜了迈克尔七世，自立为帝。为了皇位的合法性，他将欧多西亚召回，并提出与她结婚。欧多西亚似乎很乐意将自己或自己的女儿嫁给尼基弗鲁斯。然而，在约翰·杜卡斯的干涉下，这个计划最终没有实现。几年后，欧多西亚作为修女去世了，具体时间不详。

附 录

一、年表

优士丁尼王朝历任皇帝	在位时间	说明
优士丁一世	公元 518 年至公元 527 年	公元 527 年 4 月 1 日至公元 527 年 8 月 1 日，与优士丁尼一世共治
优士丁尼一世	公元 527 年至公元 565 年	优士丁一世的侄子
优士丁二世	公元 565 年至公元 578 年	优士丁尼一世的侄子，公元 578 年 9 月 26 日至公元 578 年 10 月 5 日，与提比略二世共治
提比略二世	公元 578 年至公元 582 年	优士丁二世的养子，公元 583 年 8 月 5 日至公元 583 年 8 月 13 日，与莫里斯共治
莫里斯	公元 582 年至公元 602 年	提比略二世的养子，公元 590 年 3 月 26 日至公元 602 年 11 月 23 日，与其子狄奥多西共治
福卡斯	公元 602 年至公元 610 年	篡位者

二、货币史大事记

时间	主要事件
公元前 289 年	罗马共和国出现了最早的青铜铸币"重铜"阿斯，重量为 1 罗马磅，约 327 克
公元前 241 年	罗马共和国开始打制希腊银币德拉克马的仿制币

时间	主要事件
公元前 211 年	罗马共和国开始打制银币狄纳里,价值 10 阿斯,理论重量为1/72 罗马磅,约 4.54 克
公元前 27 年	铜币阿斯的重量降至 11 克左右,制作方法由浇铸改为打制,即将金属块放在模具中锤击而成
公元前 23 年	屋大维进行了货币改革,对汇率进行了调整,规定罗马三种主要金属货币按 1 奥里斯金币 =25 狄纳里银币 =400 阿斯铜币进行兑换
公元 63 年	尼禄进行了货币改革,将金币奥里斯按照 1/45 罗马磅的重量标准打制,即 7.39 克
公元 193 年	尤利安努斯将金币奥里斯的标准重量减为 1/48 罗马磅,即 6.82 克
公元 215 年	卡拉卡拉将金币奥里斯的重量标准降为 1/50 罗马磅,即 6.54 克;同时发行了一种叫安敦尼的新银币,纯度为 50%,平均重量为 5.11 克
公元 270 年	奥勒良将金币奥里斯的重量标准降为 1/60 罗马磅,即 5.45 克
公元 294 年	戴克里先以 1/70 罗马磅的标准打制金币奥里斯,理论重量为 4.68 克;同时发行了纯度为 90% 左右的新银币阿根图以取代狄纳里
公元 301 年	戴克里先颁布了"限价法令",并发行了重 1/60 罗马磅的新金币索利多,以取代之前的奥里斯
公元 310 年	君士坦丁进行了货币改革,发行了标准重量为 1/72 罗马磅的金币索利多
公元 324 年	君士坦丁大败李锡尼,并推出了米拉伦斯和西力克两种高纯度的银币
公元 326 年	君士坦丁堡造币厂落成,并有两个生产车间或分币厂
公元 330 年	君士坦丁正式迁都君士坦丁堡
公元 395 年	罗马帝国正式分裂为东罗马帝国和西罗马帝国,其中东罗马帝国又被后人称为拜占庭帝国,以君士坦丁堡为首都

续表

时间	主要事件
公元 410 年	西哥特人在首领阿拉里克的率领下洗劫了罗马城
公元 438 年	《狄奥多西法典》颁布，并于次年开始实施
公元 439 年	汪达尔人首领盖萨里克占领迦太基，并建立了汪达尔王国
公元 476 年	日耳曼人奥多亚克作为罗马雇佣兵领袖，罢黜了西罗马帝国的最后一位皇帝，成为了意大利半岛的新主人
公元 488 年	拜占庭帝国皇帝芝诺以 2000 磅黄金的代价，同意东哥特人首领狄奥多里克出兵意大利半岛攻打奥多亚克
公元 493 年	狄奥多里克在拉文纳之宴将奥多亚克杀死，收编其余部，建立了东哥特王国
公元 498 年	阿纳斯塔修斯进行了第一次货币改革，以小铜币努姆斯为基础，推出了弗里斯铜币
公元 507 年	西哥特王国在武耶战役中被法兰克王国打败，失去了高卢大部分土地，此后王国中心移到西班牙
公元 512 年	阿纳斯塔修斯进行了第二次货币改革，将铜币重量翻番，以便在面值序列中插入价值 5 努姆斯的小铜币
公元 515 年	阿纳斯塔修斯为了维持和平并赎回他的侄子希帕迪乌斯，向叛军首领维塔利安支付了 2000 罗马磅黄金
公元 520 年	阿纳斯塔修斯首次使用胜利女神像和十字架作为币图
公元 529 年	优士丁尼为了赎回将军君士坦鲁斯向保加利亚人支付了 10000 诺米斯玛金币
公元 532 年	优士丁尼以 11000 磅黄金为代价，与波斯缔结了"永久性的"和平协定
公元 533 年	在君士坦丁堡，尼卡起义爆发
公元 534 年	优士丁尼从汪达尔人手中夺回北非，小银币仍被作为当地的流通货币

续表

时间	主要事件
公元 535 年	优士丁尼一世对东哥特王国发动战争
公元 539 年	优士丁尼进行了货币改革，索利多和弗里斯采用了新的正面币图，背面币图增加了日期标记，同时引入重 22 克的弗里斯铜币
公元 543 年	弗里斯铜币的重量开始变轻
公元 545 年	优士丁尼以 2000 磅黄金为代价，与波斯缔结了一个为期 5 年的停战协定
公元 555 年	优士丁尼征服东哥特王国，小银币仍被作为当地的流通货币
公元 561 年	波斯与拜占庭再次媾和，按照协议，波斯放弃对科尔奇斯的领土要求，拜占庭同意每年向波斯支付黄金 1.8 万磅，有效期 50 年
公元 568 年	伦巴第人越过阿尔卑斯山，侵入亚平宁半岛，在意大利半岛北部建立了伦巴第王国
公元 573 年	优士丁二世在与波斯人的对阵中遭到大败，精神暂时错乱，索菲亚皇后接管朝政
公元 574 年	索菲亚皇后代表优士丁二世同波斯进行了和谈，同意支付 45000 索利多以换取一年的和平
公元 602 年	福卡斯叛变，并在一个月内紫袍加身
公元 608 年	希拉克略举兵起义，反对福卡斯政权
公元 610 年	希拉克略率大军抵达君士坦丁堡，罢黜了福卡斯，开始了希拉克略王朝的统治

三、专业词汇

中文	外文	说明
阿斯	AS	罗马帝国早期的一种铜币，重约 11 克，理论上是货币体系的基本单位
阿根图	ARGENTEUS	戴克里先于公元 294 年铸造的新银币，纯度为 90% 左右，理论重量是 1/96 罗马磅，即 3.41 克

中文	外文	说明
奥里斯	AUREUS	罗马帝国的标准金币。货币学家习惯上将之用于罗马晚期和拜占庭初期打制的重 1/60 磅的金币。该币最初由戴克里先引入，直至公元 6 世纪，还偶尔会被作为纪念币进行打制
粗铜	AES RUDE	罗马早期货币，为原始的、未经加工的铜块，形状、重量皆不统一
德拉克马	DRACHMA	古希腊银币，重 4.37 克
狄纳里	DENARIUS	最初指罗马共和国时期一种价值 10 阿斯的银币，但是在帝国晚期被用于：（1）泛指货币；（2）一种价值单位，常常等于 1/6000 索利多。从 7 世纪开始，经常被用于在西部流通的一种小银币
都蓬第	DUPONDIUS	罗马帝国早期的一种重型铜币，价值 2 阿斯
弗里斯	FOLLIS	拉丁词汇，原意"钱包"，最早被用来指戴克里先在公元 294 年引入的一种镀银青铜币，后在拜占庭时期被用于指一种大面额的铜币，最初价值 40 努姆斯，由阿纳斯塔修斯于公元 498 年引入
赫克格拉姆	HEXAGRAM	公元 7 世纪时的一种银币，重 6.82 克，与索利多的兑换比率可能是 12:1，由希拉克略于公元 615 年引入
奎纳里	QUINARIUS	罗马共和国小银币，价值 1/2 狄纳里
米拉伦斯	MILIARENSIS	君士坦丁推出的高纯度银币，重 1/72 罗马磅；公元 720 年，利奥三世重新引入了冠以该名的银币，理论重量 1/144 罗马磅

中文	外文	说明
努姆斯	NUMMUS	拉丁词汇,原意"货币",通常被用于指罗马帝国和拜占庭早期发行的最小面额的铜币,价值1/40弗里斯,是记账体系的本位币
诺米斯玛	NOMISMA	意为"货币",尤其指金币索利多。在公元10世纪晚期,它分化为两种面额:希斯塔麦伦和特塔特伦。从公元1092年起,通常指海伯龙币
塞米斯	SEMISSIS	罗马帝国和拜占庭一种小面额金币,价值1/2索利多,重2.25克
塞斯特提	SESTERTIUS	罗马帝国早期打制的最大面额的铜币,价值4阿斯,由铜制成,重约28克,直径约35毫米
索利多	SOLIDUS	拜占庭标准金币,最早由戴克里先引入,重1/60罗马磅;后来君士坦丁大帝重新引入,重1/72罗马磅
特里米斯	TREMISSIS	罗马帝国和拜占庭一种小面额金币,价值1/3索利多,重1.52克
西力克	SILIQUAE	克拉的拉丁表达,在帝国晚期是一种记账单位,价值1/24索利多,货币学家习惯上将之用于帝国晚期面额最常见的银币
印记铜	AES SIGNATUM	罗马早期铜币,为形状方整的块状铜,重量约600~2500克,常常印着公牛、鹰等官方戳记

四、主要人物

中文	英文	说明
阿纳斯塔修斯一世	Anastasius I	拜占庭帝国皇帝，于公元 491 年至公元 518 年在位
阿里阿德涅	Ariadne	拜占庭皇帝利奥一世的女儿，弗拉维·芝诺的遗孀，后成为阿纳斯塔修斯一世的妻子
阿纳斯塔西娅	Anastasia	原名"伊诺"，拜占庭皇帝提比略二世的妻子，于公元 578 年成为皇后
爱德华·吉本	Edward Gibbon	近代英国杰出的历史学家
安东尼娜	Antonina	贝利萨留的妻子
贝利萨留	Belisarius	公元 6 世纪的拜占庭帝国的统帅，曾帮助优士丁尼一世恢复大量西罗马旧土，重建罗马的繁荣
彼得·巴西姆斯	Peter Barsymes	在优士丁尼统治时期，曾担任财政大臣"圣库伯爵"
戴克里先	Diocletian	罗马帝国皇帝，于公元 284 年至公元 305 年在位
狄奥达哈德	Theodahad	东哥特国王，于公元 534 年至公元 536 年在位
狄奥多拉	Theodora	优士丁尼的妻子和皇后
狄奥多里克大帝	Theoderic the Great	东哥特国王，于公元 475 年至公元 526 年在位
弗拉维·科里普斯	Flavius Corippus	公元 6 世纪的拜占庭帝国的诗人，古典时代晚期最重要的拉丁作者之一
福斯塔	Fausta	罗马帝国皇帝君士坦丁的第二任妻子
盖利默	Gelimer	汪达尔王国国王，于公元 530 年至公元 534 年在位

中文	英文	说明
君士坦丁大帝	Constantine the Great	罗马帝国皇帝，于公元 306 年至公元 337 年在位
君士坦提娜	Constantina	拜占庭皇帝提比略二世和阿纳斯塔西娅的女儿，后成为莫里斯的妻子和皇后
君士坦提乌斯一世	Constantius I	君士坦丁的父亲，在四帝共治时期是罗马帝国西部的皇帝
卡帕多西亚的约翰	John the Cappadocian	在优士丁尼统治时期，曾担任财政大臣"圣库伯爵"
康茂德	Commodus	马可·奥勒留之子，罗马帝国皇帝，于公元 180 年至公元 192 年在位
莱昂蒂亚	Leontia	拜占庭皇帝福卡斯的妻子和皇后
雷奥韦吉尔德	Leovigild	西哥特国王，于公元 568 年至公元 586 年在位
李锡尼	Licinius	罗马帝国东部的皇帝，于公元 308 年至公元 324 年在位
马可·奥勒留	Marcus Aurelius	罗马帝国五贤帝时代最后一位皇帝，于公元 161 年至公元 180 年在位
玛蒂娜	Martina	拜占庭皇帝希拉克略一世的第二任妻子
欧多西亚	Eudokia	拜占庭皇帝君士坦丁十世的妻子和皇后
普罗柯比	Procopius	优士丁尼时代杰出的历史学家
索菲亚	Sophia	狄奥多拉的侄女，后成为拜占庭皇帝优士丁二世的妻子和皇后
图尔的格雷戈里	Saint Gregory of Tours	公元 6 世纪的高卢—罗马历史学家
屋大维	Octavius	罗马帝国的第一位元首
希尔德里克	Hilderic	汪达尔族的国王，于公元 523 年至公元 530 年在位

中文	英文	说明
匈奴人阿提拉	Attila the Hun	古代欧亚大陆的匈奴人领袖，于公元434年至公元453年在位
亚历山大·塞维鲁	Severus Alexander	罗马帝国皇帝，于公元222年至公元235年在位
伊莲娜	Irene	拜占庭皇帝利奥四世的妻子和皇后
尤里克	Euric	西哥特王国国王，于公元466年至公元484年在位
尤利安努斯	Julianus	罗马在公元193年内的五位罗马皇帝之一
佐伊	Zoe	拜占庭皇帝君士坦丁八世的女儿，后成为罗曼努斯的妻子和皇后

参 考 文 献

[1] 石俊志. 尤利亚·克劳狄王朝货币简史 [M]. 北京：中国金融出版社，2020.

[2] 厉以宁. 罗马 - 拜占庭经济史 [M]. 北京：商务印书馆，2015.

[3] 夏遇南. 罗马帝国 [M]. 西安：三秦出版社，2000.

[4] 巫宝三. 古代希腊、罗马经济思想资料选辑 [M]. 北京：商务印书馆，1990.

[5] 徐家玲. 早期拜占庭和查士丁尼时代研究 [M]. 长春：东北师范大学出版社，1998.

[6] 夏鼐. 咸阳底张湾隋墓出土的东罗马金币 [A]. 夏鼐. 夏鼐文集（下卷）[C]. 北京：社会科学文献出版社，2000：82 - 89.

[7] 石家庄文化局. 河北赞皇东魏李希宗墓 [J]. 考古，1977（6）：382 - 390.

[8]《世界著名法典汉译丛书》编委会. 十二铜表法 [M]. 北京：法律出版社，2000.

[9] 喻世红等. 萨利克法典 [M]. 北京：法律出版社，2000.

[10] [英] 爱德华·吉本. 罗马帝国衰亡史 [M]. 黄宜思和黄雨石，译. 北京：商务印书馆，1997.

[11] [英] 迈克尔·H. 克劳福德. 罗马共和国货币史 [M]. 张林，译. 北京：法律出版社，2019.

［12］［英］罗伯特·卡森. 罗马帝国货币史［M］. 田园,译. 北京：法律出版社, 2018.

［13］［英］菲利普·格里尔森. 拜占庭货币史［M］. 武宝成,译. 北京：法律出版社, 2018.

［14］［英］詹姆斯·布赖斯. 神圣罗马帝国［M］. 孙秉莹等,译. 北京：商务印书馆, 1998.

［15］［英］威尔斯. 世界史纲［M］. 吴文藻等,译. 南京：译林出版社, 2015.

［16］［英］梅因. 古代法［M］. 沈景一,译. 北京：商务印书馆, 1997.

［17］［美］腾尼·弗兰克. 罗马经济史［M］. 王桂玲和杨金龙,译. 上海：三联出版社, 2013.

［18］［美］詹姆斯·汤普逊. 中世纪经济社会史（上册）［M］. 耿淡如,译. 北京：商务印书馆, 1997.

［19］［美］瓦西列夫. 拜占庭帝国史［M］. 徐家玲,译. 北京：商务印书馆, 2019.

［20］［美］罗斯托夫采夫. 罗马帝国社会经济史［M］. 马雍和厉以宁,译. 北京：商务印书馆, 1986.

［21］［东罗马］左西莫斯. 罗马新史［M］. 谢品巍,译. 上海：上海人民出版社, 2013.

［22］［东罗马］普罗柯比. 战史［M］. 崔艳红,译. 郑州：大象出版社, 2010.

［23］［东罗马］普罗柯比. 秘史［M］. 吴舒屏和吕丽蓉,译. 上海：三联出版社, 2007.

［24］［东罗马］优士丁尼. 学说汇纂（罗马刑事法）［M］. 薛军,译. 北京：中国政法大学出版社, 2005.

［25］［东罗马］优士丁尼. 法学总论：法学的阶梯［M］. 张企泰,译. 北京：中国政法大学出版社, 1989.

［26］［古罗马］盖尤斯. 法学阶梯［M］黄风, 译. 北京: 中国政法大学出版社, 1996.

［27］［古罗马］普林尼. 自然史［M］. 李铁匠, 译. 上海: 上海三联书店, 2018.

［28］［德］马克思·韦伯. 中世纪商业合伙史［M］. 陶永新, 译. 上海: 东方出版中心, 2010.

［29］［意］桑德罗·斯奇巴尼. 民法大全选译·婚姻·家庭和遗产继承［M］. 费安玲, 译. 北京: 中国政法大学出版社, 2001.

［30］Balsdon, J. P. V. D. *Roman Women: Their History and Habits*［M］. New York: Barnes & Noble, 1998.

［31］Barker, J. W. *Justinian and the Later Roman Empire*［M］. Madison: University of Wisconsin Press, 1966.

［32］Blanqui, J. A. *History of Political Economy in Europe*［M］. English trans. By E. J. Leonard, New York, 1880.

［33］Boren, H. C. *The Ancient World: An Historical Perspective*［M］. Old Tappan: Prentice Hall, 1986.

［34］Bury, J. B. *A History of the Roman Empire from its Foundation to the Death of Marcus Aurelius*［M］. Cambridge: Cambridge University Press, 2015.

［35］Corippus, C. F. *In Laudem Iustini Augusti Minoris*［M］. London: Athlone Press, 1776.

［36］Croke, B. *The Chronicle of Marcellinus: A Translation with Commentary*［M］. Sydney: Australian Association for Byzantine Studies, 1995.

［37］Garland, L. *Byzantine Empresses: Women and Power in Byzantium AD 527 – 1204*［M］. London and New York: Routledge, 1999.

[38] Gibbon, E. *The History of the Decline and Fall of the Roman Empire* [M]. London: Penguin Publishing, 2001.

[39] Hendy, M. F. *Studies in the Byzantine Monetary Economy c. 300 – 1450* [M]. Cambridge: Cambridge University Press, 1985.

[40] Jones, A. H. M. *Roman Economy: Studies in Ancient Economic and Administrative History* [M]. Oxford: Blackwell, 1974.

[41] Jones, A. H. M. *The Later Roman Empire*, 284 – 602 (*Vol.* 1) [M]. Norman: University of Oklahoma Press, 1964.

[42] Laiou, A. E. *The Economic History of Byzantium from the Seventh through the Fifteenth Century* [M]. Dumbarton Oaks, 2002.

[43] Lewis, N. *Roman Civilization: Selected Readings* (*Vol.* 2) [M]. New York: Columbia University Press, 1990.

[44] Mango, C. *The Oxford History of Byzantium* [M]. Oxford: Oxford University Press, 2002.

[45] Scott, S. P. *The Civil Law* [M]. Clark: The Lawbook Exchange, 2001.

[46] Spufford, Peter. *Money and its Use in Medieval Europe* [M]. Cambridge: Cambridge University Press, 1988.

[47] Stathakopoulos, D. *Famine and Pestilence in the Late Rome and Early Byzantine Empire* [M]. Aldershot: Ashgate Publishing, 2004.

[48] Stein, A. *Innermost Asia: A Detailed Report of the Explorations in Central Asia, Afghanistan, Iran, Tibet & China* [M]. Oxford: Clarendon Press, 1928.